Mal de mère,
mal d'enfant

Catherine Garnier-Petit

Mal de mère, mal d'enfant

Angoisse et bonheur de la maternité

Préface du professeur Marcel Rufo

Albin Michel

Ouvrage publié sous la direction
de Mahaut-Mathilde Nobécourt

22, rue Huyghens, 75014 Paris

ISBN 2-226-10874-2

Ce livre sur les femmes, je le dédie aux hommes de ma vie qui, sur quatre générations, ont eu une part directe ou indirecte sur sa conception :

À Georges, médecin humaniste qui m'a tant appris,

À François, qui œuvre dans l'humanitaire et me soutient sans faillir,

À Stéphane, l'artiste, pour sa confiance et nos partages,

À Jérémy, qui suscite mon émerveillement,

Mais aussi...

À Natacha, ma première expérience maternelle, pour notre complicité, elle qui a porté son enfant tandis que je portais ce livre.

Sommaire

Préface

Je viens de terminer la lecture de cet ouvrage que vous commencez. Permettez au pédopsychiatre de Marseille que je suis de le trouver maritime : « Mal de mère... souvenirs restés en rade... traversées ».

Heureusement d'ailleurs que je suis pédopsychiatre et non psychiatre. En effet, il s'agit pour nous de s'intéresser le plus souvent à la relation mère-père-bébé plutôt qu'à la pathologie éventuelle des parents ou de l'enfant. On observe donc les interactions, les compétences de l'enfant et l'ajustement des parents.

Cet ouvrage foisonne de rencontres : beaucoup de femmes bien sûr, mais aussi des hommes et de nombreuses futures grand-mères. Il nous permet de vérifier cette donnée clinique essentielle : « la transparence psychique de la mère », son brio à exprimer ses fantasmes, ce qui se poursuivra d'ailleurs par la préoccupation maternelle primaire. Dès les premières pages du livre, on admet qu'une mère doit, selon le principe de Winnicott, être suffisamment bonne mais que souvent ce *suffisamment* est bien difficile.

Les armes thérapeutiques sont l'oreille, un peu de temps, un autre tempo mais surtout le goût d'écouter les histoires des femmes, les secrets de famille : les cryptes s'ouvrent à la naissance du bébé. L'auteur nous parle de « l'honneur, de la confiance » et nous ne pouvons qu'adhérer à cette éthique psychologique. La citrouille des contes de fées est maintenant transparente, elle passe sous l'échographie, et l'amniocentèse change souvent la donne.

Ce livre peut être perçu comme un cousinage de travail clinique et thérapeutique. Il nous permet de rêver à une nouvelle discipline qui unirait les psychologues, les pédopsychiatres, les pédiatres, les obstétriciens, les sages-femmes, les puéricultrices et les assistantes sociales. Tous seraient les spécialistes du développement de l'enfant au sein de sa famille et aideraient à limiter les difficultés.

Il nous reste à bien observer les sourires, le dialogue tonique, la réaction aux odeurs, les cris et les regards. Comme si une prise en charge d'un individu remplaçait peu à peu la médecine d'organes et de spécialité. Les progrès de la technique ouvrent donc une voie royale à l'intérêt des histoires des sujets.

Raconter les souvenirs de notre vie peut donc avoir un intérêt pour le soin psychologique. Les états dépressifs actuels prenant alors sens, signification, éclairés qu'ils sont par notre passé. L'écoute bienveillante soigne nos détresses.

Professeur Marcel Rufo
Chef du service de pédopsychiatrie
Hôpital Sainte-Marguerite, Marseille

Introduction

« Le problème, c'est ma mère. »

Marie est une petite femme brune au visage expressif mais empreint de tristesse. Elle a demandé à me rencontrer six semaines après la naissance de son deuxième enfant, un garçon né après une fille.

Elle se présente avec son bébé et dit qu'elle ne va pas bien depuis longtemps. Elle a été hospitalisée un mois en fin de grossesse et l'a très mal vécu en raison, dit-elle, de la séparation d'avec sa fille de trois ans.

Comme elle situe cette naissance dans son histoire en remontant le temps, il m'apparaît qu'un mot revient sans cesse dans son discours : « absence ». Ayant évoqué l'absence de sa fille lors de son séjour à l'hôpital, elle parle de son mari, très absent de cette deuxième grossesse. Elle décrit sa mère comme très peu présente, car habitant loin. Quant à l'absence de son père, perdu de vue depuis le divorce de ses parents il y a bien longtemps, elle l'a plutôt arrangée, car pendant la brève période de vie commune avec lui, il la maltraitait physiquement et moralement : « Les coups, on s'y habitue, la terreur psychologique, c'est pire. »

Sentant chez cette jeune femme une certaine force

derrière la fragilité, je me dis qu'elle l'a reçue de quelqu'un et lui demande :

« Qui vous a servi de père ?

– Ma grand-mère », répond-elle, et elle éclate en sanglots.

J'apprends que cette grand-mère maternelle l'a élevée presque seule ainsi que ses frère et sœur car leur mère était gravement dépressive, dépression accentuée par les problèmes de couple. Elle faisait tentative de suicide sur tentative de suicide, parfois devant ses enfants qui devaient appeler l'hôpital. Cet état maternel a mûri prématurément Marie et l'a mise en état d'abandon car, dit-elle : « Une mère qui veut mourir, c'est comme si elle tuait ses enfants. »

Pendant sa deuxième grossesse, Marie a appris que sa grand-mère avait une tumeur cancéreuse au cerveau, ce qui l'a rendue impatiente d'accoucher afin que sa grand-mère voie son arrière-petit-fils avant de mourir. Ceci explique sans doute la menace d'accouchement prématuré et son agitation à l'hôpital qui avait amené un médecin à la gronder vertement, ne se doutant pas du tout de ce qui se tramait dans sa tête.

Marie est venue me voir parce qu'elle n'arrivait pas à adopter son deuxième enfant. Mais pour « faire sien » ce bébé, comme elle disait, il lui fallait mettre de l'ordre dans ses idées, parler d'elle et de sa douloureuse histoire. Elle a beaucoup pleuré, et c'était bien qu'elle se l'autorise, elle qui avait toujours dû être forte pour ménager sa mère.

Notre travail ensemble a d'abord consisté à rompre sa solitude. Privée d'une mère réellement maternelle, Marie avait du mal à devenir une mère, cette identification étant nécessaire. Après la naissance de sa fille, déjà, elle avait été très déprimée et l'enfant était sans cesse malade. Marie a réussi alors à trouver un travail littéraire à faire chez elle. L'enfant n'a plus été malade, mais la jeune femme s'est trouvée coupée du monde social.

Le travail de thérapie a aussi consisté à lui faire accepter que l'investissement d'un père pour son enfant passe bien souvent par la mère. Cette femme extrêmement subtile l'a vite compris et, assez rapidement, le père a commencé à s'intéresser à son fils ; investi par ses deux parents, le bébé s'est mis à faire ses nuits et à sourire.

Nous avons abordé également le problème de la mort, celle à venir de la grand-mère, et comment s'y préparer et comment aussi respecter le temps où cette grand-mère serait prête à mourir, elle qui s'accrochait à la vie.

Marie a résumé sa difficulté ainsi : « Le problème, c'est ma mère. » La grand-mère qui avait pris une place paternelle était une maîtresse-femme, mais « personne ne nous embrassait », dit-elle. Elle avait appris la tendresse en donnant à sa fille ce qu'elle-même n'avait pas reçu, des baisers et des câlins. Révoltée et brisée par la constatation qu'elle avait servi de mère à sa propre mère, elle ressentait parfois une lassitude à devoir toujours être forte comme sa grand-mère.

Je garde un souvenir particulier de cette femme, un souvenir empreint d'émotion et d'admiration. Nos entretiens étaient d'une intensité et d'une proximité psychique rares, et puis il y avait la présence du petit Dorian, dans son couffin ou dans les bras de sa mère. Elle est toujours venue avec lui puisque c'était pour lui qu'elle venait. Je le prenais donc en compte dans l'entretien, le regardais, lui souriais, je lui parlais parfois en le nommant. Il a presque toujours été calme et serein, sauf une fois, quand sa mère a évoqué sa difficulté à trouver une nourrice convenable pour lui. Il s'est mis à hurler tout le temps qu'elle a parlé de lui. Puis, quand elle a repris le fil de sa propre histoire, en évoquant les menaces de mort proférées par son père contre elle quand elle était petite, Dorian s'est rendormi, plus du tout concerné.

Les bébés sont décidément extraordinaires et les mères dignes d'admiration lorsqu'elles font la difficile démarche de venir exposer leurs difficultés dans le but de donner à leur enfant le meilleur. Le meilleur, c'est elles-mêmes, capables d'être des mères suffisamment bonnes, ce que bien souvent elles n'ont pas eu pour leur propre compte.

Cette jeune femme cristallisait un grand nombre des problèmes anciens et récents qui font souffrir les femmes et les amènent à consulter dans la période maternelle : un père maltraitant, une mère « absente » car dépressive, un deuil à vivre, un mari qui ne prend pas sa place de père, une si grande solitude après la naissance.

Elle est venue pour quelques séances étalées sur deux mois, essentiellement pour devenir la mère de Dorian. Quant à faire une démarche pour elle personnellement, ce n'était sans doute pas encore le moment, et Marie a estimé qu'elle avait accompli ce pour quoi elle était venue.

Pour ma part, je suis « tombée » en maternité comme d'autres « tombent enceintes », et ce que j'y ai vu et entendu m'est apparu assez passionnant et attachant pour que je souhaite y rester. Cet état particulier des femmes enceintes, à la fois fragilisant et riche de progrès, est extrêmement favorable à un travail psychique rapide et évolutif.

De plus,cela constitue la meilleure prévention qui soit à la dépression de la mère et, consécutivement, à celle de l'enfant, adulte en devenir, prévention également de pathologies qui peuvent aboutir à la maltraitance de l'enfant ou à des drames de couple.

Il ne s'agit pas de prétendre qu'on peut tout éviter, l'être humain étant libre et imprévisible. Mais l'expérience montre, d'une part que la grossesse fait resurgir des souffrances anciennes, enfouies et mal guéries, d'autre part qu'un travail thérapeutique pendant cette période favorable et limitée dans le temps aboutit à des résultats spectaculaires qu'il serait coupable de négliger.

Ce travail thérapeutique de courte durée, comme d'autres thérapies, est fondé sur une relation à deux dont l'une seulement, la patiente, va parler d'elle librement, mettant sa confiance dans l'autre, le thérapeute, qui l'écoute avec son savoir et sa sensibilité, la respecte et ne la juge pas. Cette confiance et cette estime mutuelles vont servir en quelque sorte de combustible pour faire repartir, tel un moteur en panne, un psychisme souffrant ou déprimé, donner une énergie nouvelle et restaurer une confiance en soi défaillante ou peut-être jamais née.

Elles sont touchantes, ces femmes, dans leur tentative de passer sur l'autre rive, du côté de la mère, malgré les difficultés, les souffrances ou les drames rencontrés. Elles sont heureuses et rassurées de savoir que quelqu'un peut les aider à traverser le gué, et leur demande est déjà un acte maternel puisqu'elles font cette démarche (qu'elles n'auraient peut-être pas faite en d'autres temps) pour être prêtes à accueillir leur enfant.

À travers les histoires de celles qui me font l'honneur de leur confiance et l'histoire de notre relation thérapeutique où se dessine la lente construction de leur sentiment maternel, c'est le vaste sujet de la maternité qui va nous apparaître, à la fois magique et bouleversant. On pourrait dire que la maternité est une épreuve initiatique, sans que l'on puisse pronostiquer comment telle femme la traversera.

Cette expérience unique et intransmissible, bien qu'elle ne soit pas une maladie, est devenue affaire médicale. Comme tous les autres patients, les femmes enceintes ou en désir de l'être ont affaire avec la haute technicité qui règne aujourd'hui dans le monde médical, comme dans d'autres domaines, et ce, trop souvent, au détriment de la prise en compte de l'humain, de son individualité et de ses fragilités.

Ce livre est un témoignage. S'il peut servir aux femmes pour leur dire « vous n'êtes pas seules », il se veut aussi un appel à tous ceux qui les côtoient, afin qu'ils les écoutent avec une autre oreille.

Les histoires racontées dans ce livre sont vraies et tirées de ma propre expérience professionnelle. J'ai changé les prénoms et supprimé les détails trop personnels pour respecter l'anonymat des femmes. Si cependant certaines se reconnaissent, qu'elles sachent à quel point leur histoire m'a touchée. Elle a enrichi mon expérience et permis d'aider d'autres femmes par mon écoute et mon travail et, je l'espère, grâce à cet ouvrage.

CHAPITRE 1

LA MATERNITÉ IMPOSSIBLE

« J'ai reconnu mon bonheur au bruit qu'il a fait en partant. »

Jacques Prévert

Contrairement à ce que pense la majorité de nos contemporains, la procréation échappe à la maîtrise. En libérant les femmes des grossesses non désirées, l'avènement de la pilule a fait croire qu'on pouvait tout obtenir. En fait, un des effets psychologiques de la pilule a été de supprimer la peur d'être enceinte, cauchemar des générations précédentes. Cela a délié mentalement la sexualité de la procréation. La grossesse non prévue est ainsi appelée « accident » puisque, à l'ère de l'informatique, tout doit être programmé, y compris la mise en route de la vie. Et les femmes ont assimilé l'idée que, pour avoir un enfant, il suffit d'arrêter la pilule. Pourtant, paradoxalement, plus se multiplient les méthodes d'assistance à la procréation, plus grand est le nombre de couples en difficulté pour avoir un enfant. Plus la médecine et la biologie inventent des « bricolages » pour contourner l'infertilité, plus le nombre de demandes augmente, ce qui montre bien que la transmission de la vie échappe à la toute-puissance scientifique comme à la toute-puissance individuelle.

La maternité impossible, c'est la conception qui ne se fait pas ou la grossesse qui ne parvient pas à son aboutissement normal, un enfant vivant, soit en raison d'une fausse couche, d'une mort *in utero* ou à la naissance, soit à cause d'une anomalie fœtale grave qui provoque la décision d'interrompre médicalement la grossesse. Ce sont aussi les grossesses et naissances multiples, souvent impossibles à gérer en conservant son équilibre.

UN ENFANT, À QUEL PRIX ?

Dans le service de gynéco-obstétrique où je travaille, on ne pratique pas les fécondations *in vitro* (F.I.V.). On y trouve en revanche des services pédiatriques de pointe pour la réanimation et la prise en charge des bébés prématurés. Un certain nombre de femmes sont donc dirigées vers cet hôpital au cours de leur grossesse lorsqu'un risque de grande prématurité menace pour le bébé qu'elles portent. C'est dans ce cadre que je rencontre des femmes hospitalisées dont le parcours obstétrical est souvent impressionnant, et dont les tentatives sont pathétiques pour parvenir à donner naissance à un enfant, leur souhait le plus cher.

Il est rare qu'on interroge les gens sur leur désir d'enfant, c'est une telle évidence pour chacun de nous. Je ne m'imagine pas demander à une femme qui vient de perdre une énième grossesse : « Mais enfin, pourquoi voulez-vous un enfant ? » Ce serait parfaitement indécent et cruel dans ce cadre-là. Mais il arrive qu'elles en parlent d'elles-mêmes.

À l'écoute, pendant plusieurs années, des femmes qui demandaient une I.V.G., j'en ai appris beaucoup sur le désir de grossesse. Elles disaient pourquoi consciemment elles ne voulaient pas d'enfant, et nous cherchions ensemble pourquoi cependant une grossesse était advenue, sans doute par un tour quasi magique de ce fameux inconscient. Cette grossesse prenait alors un sens, et son interruption en devenait moins traumatique.

Si les femmes qui ne veulent pas d'enfant peuvent dire pourquoi – le plus souvent, derrière de bonnes et de moins bonnes raisons, elles ne sont tout simplement pas prêtes psychologiquement –, les femmes qui en veulent un à tout prix sans attendre que la nature fasse son œuvre ont, dans un premier temps, un discours très simple sur la nature de ce désir.

Cet enfant manquant les renvoie à un vide existentiel insupportable; il devient donc un besoin et un besoin urgent, car l'époque n'est pas à la patience. Et puis, quand on a pris la pilule pendant dix ans, soit pour des raisons professionnelles, soit parce qu'on n'avait pas trouvé le partenaire convenable pour être le père de cet enfant, l'horloge biologique féminine se rappelle à vous. C'est là le paradoxe de nos sociétés occidentales de la fin du siècle : à l'âge de la plus grande fertilité, les femmes font carrière ou tout au moins construisent leur vie professionnelle, elles vivent leur vie sexuelle avec une liberté que leur auraient enviée, peut-être, les femmes des générations antérieures, puis elles cherchent un jour à construire une famille avec un homme digne de ce nom, toutes choses qui prennent du temps. En agissant ainsi, elles font ce qu'ont toujours fait les hommes. Nous reviendrons ultérieurement sur ce problème de société. Mais quand elles souhaitent procréer, à trente ou trente-cinq ans, la fertilité est moins grande, et, très vite, elles s'inquiètent. Elles se mettent entre les mains de la médecine et entament un parcours qui, tout en étant douloureux, va d'une part leur faire perdre de vue le désir initial, d'autre part faire d'elles un maillon d'une technicité de pointe, plus tout à fait un être humain. Ceci vaut au moins autant pour les hommes, leurs partenaires, qui entrent encore plus que les femmes dans la technicité car elle leur semble chose maîtrisable.

■ Un matin, je suis appelée pour voir une femme qui, à cinq mois de grossesse, vient de perdre ses trois bébés. Il s'agissait d'une quatrième F.I.V. Je la rencontre dans sa chambre avec son mari. Elle pleure, est peu bavarde. Le mari, au contraire, désolé, prolixe et revendicateur, m'explique qu'ils avaient fait construire une maison avec une aile supplémentaire où ils devaient emménager la semaine suivante. La femme, en pleurs, porte un tee-shirt arborant fièrement le chiffre 3. Sur le lit, un sac plein de petits vêtements qui ne serviront pas est prêt pour le départ. Tout cela semble soudain dérisoire. Le mari, peut-être pour ne pas parler de sa souffrance, ne parle que des délais pour la prochaine F.I.V. qu'il trouve trop longs, avec toutes ces réglementations à respecter. « On ne pense pas à nous, c'est trop dur », dit-il, parlant des protocoles médicaux. Mais il ne semble pas du tout penser qu'il s'agit du corps de sa femme qui a besoin de temps pour se remettre en état, ni de leur psychisme à tous les deux devant accomplir le deuil de ces trois bébés pour voir s'éloigner la souffrance. On dirait qu'il ne s'agit là que d'un bricolage urgent à remettre en chantier.
Je tente de le calmer et de parler avec sa femme, un peu repliée sur son chagrin.
Apprenant que l'infertilité est d'origine hypophysaire (absence de glaire cervicale) et n'est donc pas une stérilité irréversible, je leur dis que peut-être un jour il pourrait y avoir une grossesse naturelle. Ils me regardent comme une extraterrestre. Ils n'ont apparemment jamais entendu cette phrase qui, peut-être, arrive trop tard : ils sont entrés dans le rouleau compresseur des procréations médicalement assistées, ils ne se font plus confiance pour transmettre la vie.

Et pourtant, au cours de toutes ces années en gynéco-obstétrique, j'en ai vu des histoires incroyables de grossesses totalement imprévisibles, quasi miraculeuses, parfois même refusées par des femmes auxquelles on avait prédit une stérilité pour la vie et qui, à plus de quarante ans, se retrouvaient enceintes d'un espoir d'enfant auquel elles avaient depuis longtemps renoncé et qu'elles ne se sentaient plus capables d'accueillir. Des femmes fertiles peuvent traverser une période plus ou moins longue d'infertilité et inversement. Une femme de ma connaissance a longtemps attendu son premier enfant et en a eu cinq autres ensuite.

Comme le dit notre chef de service : « En obstétrique, c'est comme en amour, ni toujours ni jamais. »

■ Geneviève est une jeune maman déprimée, peut-être parce qu'elle a du mal à se remettre d'avoir accouché chez elle. Elle me parle de son histoire de mère. Atteinte d'endométriose, elle ne parvenait pas à être enceinte. Son mari et elle décident alors d'adopter un enfant venu de l'étranger. Un jour arrive enfin la petite fille indienne adoptée. Presque en même temps, Geneviève s'aperçoit qu'elle est enceinte. Elle met au monde un garçon. Quant à cette petite fille née à la maison et qui dort là, à côté de sa maman, elle est son deuxième enfant naturel.

■ Sophie est hospitalisée pour une menace d'accouchement prématuré. Je vais la voir et trouve une femme très déprimée. Après une première F.I.V. pour infertilité (elle est atteinte d'endométriose) qui lui a permis d'avoir un enfant aujourd'hui âgé de trois ans et demi, Sophie s'est trouvée, à la suite d'une deuxième F.I.V., enceinte de trois embryons. Elle a paniqué et demandé la réduction de deux embryons. Elle porte donc un seul fœtus, mais elle déprime et culpabilise comme une femme qui aurait fait une I.V.G.

Je la suis attentivement pendant les deux mois d'hospitalisation où elle retrouve progressivement sa sérénité. Elle accouche à trente-huit semaines d'un deuxième garçon qu'elle accueille avec joie. Un an et demi plus tard, je reçois d'elle un faire-part de naissance accompagné d'un gentil petit mot par lequel elle m'apprend qu'elle vient d'accoucher d'une petite fille à la suite d'une grossesse-surprise parfaitement naturelle.

On peut penser qu'un enfant vient au monde parce qu'on l'a laissé venir en son temps, en acceptant le manque, c'est-à-dire quand on l'attend sans l'attendre, sans faire de sa venue un préalable à tout autre projet, une condition nécessaire au bien-être de ses parents. Et, après tout, peut-être faudrait-il que lui aussi désire venir.

Ignorer cela peut conduire à faire du parcours de la fécondité une souffrance aggravée pour la femme mais aussi pour son partenaire, sans préjuger du poids écrasant que cela peut représenter pour l'enfant à venir.

■ Évelyne a trente-trois ans. Elle m'est adressée par une assistante sociale de la région parisienne qui me connaît et souhaite que je voie cette femme très déprimée qui a fait une demande d'adoption. Cette femme extrêmement triste et repliée me raconte son parcours obstétrical.

Mariée depuis onze ans, elle a souhaité avoir des enfants tout de suite. Mais après une salpingite et deux grossesses extra-utérines (G.E.U.), elle a subi deux plasties tubaires et, après la deuxième G.E.U., elle apprit qu'on lui avait enlevé les deux trompes « sans le lui dire ». Elle dit n'avoir jamais vu le professeur qui l'a opérée. « C'est comme si on m'avait mutilée », dit-elle. Par la suite elle a fait dix F.I.V. sans succès et sans qu'il lui soit jamais proposé de rencontrer un psychologue. Précisons qu'Évelyne a été suivie pendant tout ce parcours dans deux grands hôpitaux de la région parisienne.

Elle me parle un peu d'elle. Dans son discours, la mère est absente et le père très présent. Elle a été élevée par une nourrice et était « un garçon manqué ». Le plus significatif arrive en fin d'entretien : son père était un enfant de l'Assistance publique dont la mère avait accouché anonymement ; il fut adopté à l'âge de cinq ans, ce qu'il a appris très tard dans sa vie.

Étrangement, Évelyne semble avoir hérité du problème de son père. Interrogée sur son désir d'enfant, elle dit : « Je me sens mal dans ma peau, incomplète. »

L'enfant était souhaité pour combler un vide qui n'aurait pas dû être le sien et qui n'a été interrogé par personne. En fin d'entretien, Évelyne m'a seulement dit : « J'aurais préféré ne pas subir toutes ces tentatives. »

Sans doute, en cas d'échec, les femmes se demandent : « Pourquoi toutes ces souffrances inutiles ? » Peut-être pourrait-on ne pas attendre dix ans, comme pour Évelyne, pour les écouter réellement, c'est-à-dire les rendre actives au lieu de les inscrire dans cette douloureuse passivité.

La mythologie foisonne d'histoires terribles où des êtres très doués se prennent pour des dieux et finissent par incommoder ceux-ci qui les punissent en réduisant magistralement leur pouvoir. Notre siècle abonde en techniques de la reproduction et, si les médias ne se font l'écho que des belles histoires qui finissent bien, ceux et celles qui travaillent dans ce domaine en connaissent bien d'autres qui se terminent comme dans la mythologie.

■ Francesca est hospitalisée dans le service de gynécologie pour une interruption médicale de grossesse en raison d'une trisomie découverte sur son fœtus de huit mois. Elle est très mal, a besoin de parler et me raconte son histoire.
Sur le plan obstétrical, présentant une ménopause précoce à quarante-deux ans (elle en a aujourd'hui quarante-cinq), elle est allée se faire traiter en Italie, pays où l'on a quelque complaisance pour les désirs d'enfant tardifs. On lui a donc fait une fécondation *in vitro* grâce à l'ovocyte d'une autre femme qui lui en a fait don, et avec le sperme de son mari. La donneuse d'ovocyte étant jeune, les médecins italiens n'ont pas cru bon de pratiquer une amniocentèse pour âge. C'est donc lors d'une échographie qu'a été constatée la trisomie.
Francesca pleure beaucoup et se sent culpabilisée de « tuer » son enfant car, dit-elle, « je suis catholique », comme si on ne pouvait avoir une conscience morale sans avoir une religion, religion souvent brandie pour mieux la transgresser. Elle se

décrit comme une personne ayant l'habitude de tout réussir, de gagner toujours et à qui la vie ni personne ne doivent rien refuser. Rien ne l'a arrêtée jusqu'ici dans sa fuite en avant, sauf peut-être un ou deux accidents quand elle conduit beaucoup trop vite sa Ferrari. Or voilà qu'avec cette maternité en échec, elle rencontre une limite insupportable puisque, après qu'elle l'a contournée, la nature lui joue un tour horrible. Elle parle de désir de suicide « pour que mon enfant meure avec moi dans un beau sacrifice ». Cela semble un peu théâtral, même si la souffrance est réelle.

Francesca ne s'attardera pas trop sur le fait qu'elle n'a pas souhaité d'enfant avant quarante-deux ans, elle dira seulement en conclusion : « Avant, j'étais fertile mais je n'avais pas rencontré l'homme qu'il me fallait. Quand je l'ai rencontré, je ne pouvais plus en avoir. »

Décidément, les dieux n'étaient pas avec elle...

Parfois ce sont les femmes qui se prennent pour des dieux, parfois ce sont les médecins, et l'on assiste à des histoires complètement folles où, soit la nature, soit une femme arrête un processus qui serait sans fin. Récemment, j'ai appris l'histoire d'une femme ayant présenté une grossesse triple à la suite d'une fécondation *in vitro* avec transfert de plusieurs embryons. Refusant cette triple grossesse, elle a demandé à un médecin une réduction embryonnaire, à la suite de quoi la grossesse a avorté. Par la suite, la femme n'ovulant plus, le médecin lui a prescrit un médicament inducteur d'ovulation qui a abouti à une grossesse double qu'elle a décidé de garder. Mais on voit bien le cercle vicieux qui aurait pu s'instaurer là, piégeant les protagonistes qui deviendraient, sans l'avoir vraiment voulu, les inducteurs d'un vaste supermarché de la reproduction où la vie n'aurait plus qu'une valeur de caprice pour les unes et de pouvoir pour les autres.

Peut-être faudrait-il s'interroger, quand la nature vous refuse un enfant naturel, sur la réalité du désir d'enfant et ce qu'il dissimule. Il est des infertilités qui, lorsqu'elles peuvent s'élaborer, parlent d'un refus profond et viscéral de la part d'un homme, d'une femme ou des deux membres du couple, de reproduire ce qu'ont fait avec eux leurs parents. Ces problèmes-là peuvent, grâce à un travail de parole, aboutir à une fertilité retrouvée, à une adoption acceptée ou à un renoncement. Ils ne préjugent pas de la capacité de ces couples à donner de l'amour, à être des parents acceptables, peut-être meilleurs que les leurs s'ils peuvent en finir avec la haine, car la haine est un obstacle à la transmission de la vie[1].

Il est aussi des désirs qui sont surtout portés par le discours social ou l'environnement familial : « Alors, qu'est-ce que vous attendez ? » Il faut avoir un enfant parce que tout le monde en a un, parce que c'est un droit (quel droit ?), parce que les autres membres de la famille en ont. Combien de grossesses adviennent pour une femme quand sa sœur, sa belle-sœur, sa meilleure amie sont enceintes ? Il arrive alors qu'on contourne les obstacles biologiques par toutes sortes de bricolages. Un enfant arrive ainsi dans un couple qui n'est pas prêt à renoncer à quoi que ce soit de ses ambitions, de ses sorties, de sa vie culturelle et sociale antérieure pour lui faire une place. Ils pensent qu'on peut tout avoir sans renoncer à rien, et mettent en jeu l'équilibre physique et psychologique d'une vie naissante, ce qu'ils vont eux-mêmes payer cher à plus ou moins long terme.

Personne ne peut juger de ce qui est bon ou pas pour les autres. C'est à chacun de s'interroger, lorsqu'il trouve des obstacles sur sa route, sur le sens qu'ils ont et les messages qu'ils contiennent. Car il est des obstacles qui ne viennent pas de l'extérieur mais d'une part extrêmement

1. Jean Reboul, *L'Impossible Enfant : entre corps et parole*, Desclée de Brouwer, Paris, 1993.

profonde et mystérieuse de nous-mêmes qui s'appelle l'inconscient et qu'on ne contourne pas sans danger.

Alors un enfant à tout prix, cela mérite de s'arrêter un peu et de prendre le temps de la réflexion. Car même si une femme est prête à payer le prix fort, un peu masochiste pour elle-même, elle n'en connaît pas à l'avance toutes les conséquences. Qu'en sera-t-il pour son partenaire ? Dans quel état ce couple parviendra-t-il à la parentalité ? Et quel sera le prix à payer pour cet enfant qui n'a rien demandé et qui est attendu pour réparer ses parents de leur manque ?

Ces questions sont aussi celles que peuvent se poser les femmes concernées par d'autres impossibilités que la non-survenance d'une grossesse.

La fausse couche

Une grossesse commencée et qui avorte spontanément au bout de quelques semaines est un choc pour une femme, une déception, surtout si c'est la première grossesse, et pour finir cela reste comme un échec. Mais ce n'est pas un échec comme un autre. Une vie y est en question, une vie désirée, attendue, dont l'interruption va renforcer l'enjeu.

Médicalement, c'est une banalité. On en parle en termes de statistiques : 15 à 25 % des grossesses aboutissent à une fausse couche, plus peut-être, car certaines sont si précoces qu'elles passent inaperçues. Cela ne remet pas en question le succès des grossesses ultérieures, cela n'émeut donc pas le corps médical.

Il en va tout autrement des femmes concernées qui, elles, le vivent dans leur corps et dans leur tête, plus souvent qu'on ne le croit, comme un traumatisme[1]. Je

1. Cf. Micheline Garel et Hélène Legrand, *Une fausse couche et après ?*, Albin Michel, Paris, 1995.

me souviens d'un jour où, alors que je m'apprêtais à rendre visite à une femme qui avait fait une fausse couche pour prendre de ses nouvelles, une jeune interne à qui j'avais fait part de cette intention me dit : « C'est inutile d'y aller pour une fausse couche de dix semaines, pourquoi compliquer ce qui ne l'est pas ? » Pour elle, c'était un cas, pas une personne. En effet, en matière humaine, la réaction comptable est pour le moins malvenue. Nul ne peut préjuger de ce qu'un événement négatif comme celui-là va produire sur un individu. Car chaque personne est unique, elle a une structure et une histoire, des attentes sur la vie dont nous ne savons rien, et ce n'est pas le nombre de semaines de grossesse qui accentue la tristesse de son interruption. Seule la femme concernée peut dire l'ampleur de ce qu'elle ressent, mais pour cela encore faut-il que quelqu'un soit capable de l'écouter en la respectant dans son unicité. Dire à une personne qui souffre : « Ce n'est rien », comme on le dit hélas si souvent aux enfants, c'est nier, non seulement sa souffrance, mais sa personne même, ce qui a pour effet de faire monter d'un cran la plainte et de faire pleurer plus fort puisqu'on n'est pas entendu.

Dans le cas de la fausse couche, la femme est touchée dans son corps et dans son psychisme. C'est une blessure avec du sang et des larmes. Physiquement, la fausse couche peut se passer à la maison ou à l'hôpital, elle peut nécessiter un curetage, et l'intervention médicale peut être vécue comme un arrachement ou, comme me l'a raconté une patiente, comme « une boucherie ».

Psychiquement, cela dépend de beaucoup d'éléments inconnus des soignants. Comme je l'ai dit, l'histoire et la structure d'une femme conditionnent grandement la façon dont elle va vivre sa fausse couche. Mais il faut compter aussi avec l'investissement mis sur cette grossesse-là.

Certaines femmes se sentent mères dès l'annonce de la grossesse, d'autres auront du mal, même après la naissance, à adopter leur enfant. Pour la grande majorité des femmes, ce qu'elles ont dans le ventre, c'est leur bébé. Pour le corps médical, c'est d'abord un embryon, puis un fœtus ; on ne parle de bébé qu'à la naissance et, en cas de fausse couche, on peut parler de produit de la fausse couche.

C'est en raison de cet investissement plus ou moins important que la réaction psychologique d'une femme à sa fausse couche est difficile à prévoir. Il arrive qu'une femme finisse par penser que cela l'arrange, soit parce que cette grossesse n'était pas du tout souhaitée, soit parce qu'elle avait mal commencé.

■ Bernadette est venue me consulter à la suite d'une interruption de grossesse pour anomalie fœtale grave. Je reprendrai son cas ultérieurement pour aborder les souffrances liées à ce problème. Mais Bernadette et son mari, très blessés dans leur amour-propre, ne se sentant pas reconnus en tant que parents, ne prennent aucune précaution contraceptive par la suite et, très vite, Bernadette se trouve de nouveau enceinte. Elle n'en parle pas tout de suite bien que je la voie chaque semaine, puis se décide à me l'annoncer et laisse aller sa parole librement : « En fait, j'en veux à ce bébé car ce n'est pas lui que je désirais, c'était Ludovic que je voulais, celui-ci est comme un usurpateur. » À trois mois, Bernadette apprend que l'embryon est mort et elle le vit assez bien. Plus tard, elle dira que cette grossesse était arrivée trop vite après le premier enfant décédé et elle aura cette interprétation : « Peut-être ce bébé a-t-il préféré mourir. »

En revanche, certaines fausses couches sont vécues comme un drame absolu et avec une grande culpabilité. Une femme ayant fait plusieurs fausses couches et ayant vécu dans son enfance l'abandon de sa mère, me dit un jour : « Peut-être suis-je comme ma mère, je ne peux pas garder mes enfants. »

Le poids de la culpabilité est très lourd pour les femmes qui perdent des enfants. Elles pensent ne pas être d'assez bonnes mères, des mères capables de les garder vivants, ou payer pour une faute plus ou moins consciente.

■ Sabine vient me voir car elle est très angoissée dans sa nouvelle grossesse de trois mois, ayant perdu une première petite fille six mois plus tôt de mort subite du nourrisson. Elle se pose beaucoup de questions sur les raisons cachées de cette mort : « Ma fille voulait-elle me dire quelque chose ? A-t-elle été stressée ? Ne voulait-elle pas vivre ? » Elle se reproche d'avoir travaillé tout de suite après la naissance et se promet de s'occuper beaucoup plus du bébé à venir. Elle se demande comment on peut faire le deuil d'un enfant tant qu'on n'en a pas un autre, niant ainsi, comme beaucoup d'autres, la singularité de chaque enfant qui n'est en fait pas remplaçable.
Sachant qu'un deuil difficile en cache souvent un autre, je lui demande si c'est la première épreuve de sa vie. Elle me dit que non : dix ans plus tôt, elle a eu un grave accident de voiture et a « tué » plusieurs personnes. Elle ajoute seulement : « Je suis punie. »
Quelques jours avant la date prévue pour notre deuxième entretien, j'apprends que Sabine a fait une fausse couche spontanée. Je vais la voir, mais je la trouve inaccessible, en sanglots, révoltée, ne voulant ou ne pouvant pas parler – ce que je respecte. Mais je comprends que la culpabilité, l'idée de punition qui est la sienne ajoute un poids insupportable à un chagrin si légitime.

Et puis il y a les fausses couches à répétition qui se rapprochent des problèmes d'infertilité puisque, même si la femme parvient assez facilement à être enceinte, la grossesse s'arrête en cours de route, souvent au cours du premier trimestre.

Si l'on considère la grossesse qui tient comme une greffe qui prend, il est des femmes qui font de façon répétitive un rejet de cette greffe-là en l'absence de toute raison physiologique (utérus malformé, fibrome) ou médicale (infection bactérienne, virale, parasitaire), ou encore d'une anomalie chromosomique.

Les femmes concernées par ce problème, déprimées et même dévalorisées par cet espoir toujours renaissant et toujours déçu, ont besoin d'un soutien psychologique. Ce qui est vécu comme une injustice peut vite devenir une culpabilité, ainsi que je l'ai indiqué. Il importe donc de soutenir l'image de soi de ces femmes afin qu'elles ne deviennent pas des victimes passives d'un destin contraire mais retrouvent, tout en acceptant ces échecs, la confiance en soi et une prise en charge positive et dynamique de leur vie.

■ Viviane a un peu plus de trente ans. Elle vient me voir, enceinte de deux mois, ne se sentant pas écoutée, ce qu'elle attendait du corps médical car c'est sa quatrième grossesse après trois fausses couches. Il s'avère qu'on a bien tenu compte du problème technique puisqu'elle a reçu un traitement préventif dès le début de sa grossesse et qu'elle a bénéficié d'une échographie supplémentaire, dite « de contrôle ». Mais Viviane en demande davantage ; elle aurait voulu qu'on prenne en compte son angoisse forcément plus importante que celle d'une autre femme au même terme.

« Je me suis présentée trois fois aux urgences car je saignais et, la troisième fois, on m'a fait comprendre que ce n'était plus la peine de venir puisqu'on ne pouvait rien pour moi à ce terme. »

Viviane a donc frappé à ma porte. Ici, on n'est pas là pour « faire » mais pour écouter, activement bien sûr. Il va s'agir d'aider à cicatriser les blessures, car Viviane se dit, après trois curetages, « abîmée physiquement et moralement », et à accepter ces pertes successives. Il importe de soutenir, par la parole échangée, la vie qui tente timidement de faire sa place au cœur de cette femme discrète et résolue, apte à se remettre intelligemment en question, ce qui n'a rien à voir avec la culpabilité, et à opérer des changements dans sa façon de voir la vie et donc dans ses comportements.

Au cours de ces entretiens, Viviane en viendra à analyser ses échecs comme une absence de place faite à ce désir d'enfant. Elle était très stressée par son travail, obsédée par les conflits qui s'y jouaient ; elle était trop impliquée dans des problèmes familiaux qui ne la concernaient pas directement et, dit-elle, la « prenaient au ventre ».

Cette femme anxieuse et appliquée à maîtriser les choses décide de lâcher un peu tout cela et de faire de la place dans sa tête pour sa maternité. Licenciée économique, Viviane décide de ne pas rechercher de travail, de se laisser vivre et de se reposer. Elle n'a plus envie d'écouter les problèmes de tout le monde ; elle rentre dans sa grossesse comme l'escargot dans sa coquille. Le seuil crucial des douze semaines passé, Viviane attend l'échographie. Ce jour-là, ce couple habitué aux répétitions négatives aura le choc du bonheur. Tout va bien, et ils sont comme sonnés par cette nouvelle. La grossesse, au sens positif, commence seulement à cet instant-là pour eux. Dans le ventre de Viviane, il n'y a plus de place que pour ce bébé qui peut s'y épanouir.

Elle me fera prévenir de son accouchement et, tout à la joie de son petit garçon, me dira : « Heureusement qu'on a fait ce travail ensemble, avant je tuais mes enfants. »

La mort avant la vie

> « Nul ne connaît l'étendue de ses forces
> avant de les avoir mises à l'épreuve. »
>
> Goethe

En dehors des fausses couches précoces, il est des grossesses qui ne parviennent pas à leur terme. Trois causes sont couramment observées : soit la femme se met en travail à un terme où l'enfant n'est pas viable, soit on constate soudain que l'enfant est mort *in utero*, soit l'enfant meurt à la naissance ou aussitôt après. Tous ces cas, qui représentent des drames pour les femmes et les couples concernés, méritent une écoute et un soutien, d'autant plus que la société ne les aide pas.

Officiellement, en effet, un fœtus de moins de 180 jours et de moins de 500 grammes n'a pas d'existence juridique, pas de nom. On parle de « produit innommé ». Il n'a pas sa place alors sur les registres officiels ni sur le livret de famille[1]. Il n'y a, bien sûr, pas d'enterrement, pas de rituel, rien. Les parents rentrent chez eux sans bébé, sans trace de lui, parfois même sans l'avoir vu. Il ne reste que la parole pour faire vivre cet enfant afin de lui dire adieu, et pour qu'une personne au moins les reconnaisse comme père et mère. Même lorsque le bébé a dépassé cet âge et ce poids, il n'est pas rare qu'on leur déconseille de l'inscrire sur le livret de famille, de le récupérer après l'autopsie pour l'enterrer et même de le voir, comme si occulter ce qui est douloureux facilitait l'oubli, alors que c'est exactement l'inverse qui se produit. En procédant ainsi, on rend encore plus difficile le deuil à faire de cet enfant perdu. En effet, moins l'objet perdu a de réalité, plus le deuil est difficile à faire.

Qu'est-ce que le deuil ?

Nombre de personnes venant consulter posent un jour cette question : « Mais qu'est-ce que signifie *faire le deuil* ? » Cette expression utilisée par les psychanalystes est passée dans le langage courant, sans qu'on comprenne réellement ce que signifie ce deuil qu'il faut faire absolument.

Le deuil est un processus mental (processus signifiant enchaînement évolutif aboutissant à un résultat) qui consiste à accepter progressivement la perte d'un

1. Loi modifiée pour les fœtus de 154 jours nés vivants, le 8 janvier 1993, art. 79-1 du code civil.

être aimé, et donc l'aspect réel et définitif de cette perte. Ce processus prend de l'énergie et du temps, un temps incompressible et douloureux, qui ne supprime pas le souvenir mais seulement la souffrance qui lui était attachée. Quand le deuil est fait, on le sait parce qu'on est comme libéré, capable d'investir à nouveau d'autres objets d'amour et de faire des projets.

Ceci est valable pour tous les deuils[1]. Dans le cas présent, on comprend bien que ce n'est pas un nouvel enfant qui permet de faire le deuil du précédent, mais parce que le deuil est accompli qu'on est capable d'envisager et d'aimer un autre enfant.

Si le deuil est présenté comme obligatoire, c'est parce qu'on ne peut en faire l'économie pour continuer à vivre et que la négation de la mort peut aboutir à un délire. C'est donc un passage obligé.

Et si le deuil est un détachement des souvenirs et des espoirs qui vous relient à la personne disparue, on comprend que, dans le cas d'un enfant mort avant de naître ou à la naissance, il y ait peu de souvenirs et beaucoup d'espoir. C'est un deuil du possible plus que du vécu, rendu donc très difficile du fait qu'il n'y a presque pas d'interlocuteur avec qui l'évoquer.

Pour la femme, c'était surtout un dialogue avec elle-même et avec ce bébé à l'intérieur d'elle. Pour le père, qui, du fait de son appartenance masculine, exprime en général moins ses sentiments qu'une femme, la souffrance, même immense, est gardée enfouie, d'autant plus qu'il veut préserver sa femme de l'évocation de leur malheur. C'est ainsi que des couples s'éloignent imperceptiblement l'un de l'autre, alors qu'ils ont une souffrance commune, peut-être vécue différemment,

1. Voir Dr Christophe Fauré, *Vivre le deuil au jour le jour - La perte d'une personne proche*, Albin Michel, Paris, 1995.

mais qu'ils auraient intérêt à mettre en commun puisqu'elle les réunit.

De nos jours, on ne reconnaît plus une personne en deuil. L'habitude est perdue de se vêtir de noir et de renoncer au monde et aux sorties pendant une année environ. Ces rituels un peu durs et rigides avaient cependant le mérite d'autoriser la tristesse, de ménager la personne en deuil et de donner un temps convenu à ce processus. De même, la ritualisation de la mort a en grande partie disparu ; on fait le minimum, à la sauvette, et ça ne doit pas se voir. Dans un monde où il faut être positif, gagnant et en pleine forme, il est difficile de dire qu'on est en échec et en deuil. Peu de gens supportent les larmes d'autrui et, pourtant, il faut bien pleurer ses morts.

Il faut aussi les évoquer avec d'autres, regarder des photos, il faut les accompagner jusqu'à leur sépulture. Les survivants de la Shoah disent parfois qu'ils n'ont pas terminé le deuil de leurs parents car ils n'ont pas de sépulture pour marquer la mort et leur permettre d'aller s'y recueillir.

C'est cette ritualisation qui manque aussi aux parents qui perdent un bébé qui n'a pas eu le temps de vivre. Ils n'ont souvent pas pu le voir, ils n'ont pas de photo. Il reste parfois un compte rendu d'autopsie comme seule preuve de cette fugitive existence.

Pour illustrer ces deuils d'enfants précocement morts et leurs conséquences, rappelons quelques histoires vécues.

■ Nadège a trente et un ans. Elle demande un soutien psychologique pendant sa troisième grossesse. Elle est à vingt-deux semaines. Il se trouve que cette nouvelle grossesse fait remonter de façon massive le drame de la première, sept ans plus tôt. Dans la clinique où elle a accouché, afin d'accélérer le travail, on lui avait administré un produit qui déclencha chez elle une allergie massive (œdème de Quincke). Elle a accouché d'un

bébé mort d'un choc anaphylactique[1]. Elle-même avait été malade, aveugle pendant quarante-huit heures, restée allergique à un grand nombre de substances et atteinte, depuis, d'une importante angoisse post-traumatique, particulièrement à la période de l'année correspondant à cette naissance-mort. Étrangement, Nadège a assez bien vécu, deux ans après, une deuxième grossesse aboutissant à la naissance d'un garçon. C'est cette troisième grossesse qui semble réactiver le choc psychologique de la première.
Au cours de cette prise en charge de quelques mois, Nadège fera un travail en profondeur sur des événements traumatiques de son enfance dont la mort de son enfant avait réactivé les angoisses. Elle pourra ainsi retrouver la sérénité nécessaire pour accueillir son troisième enfant.
Mais ce qui nous intéresse ici, c'est la colère qu'exprima Nadège envers des employés de l'état civil qui refusèrent d'inscrire sur le livret de famille l'enfant mort-né en lui disant : « Mais à quoi cela vous servira-t-il ? » Nadège dut se battre et y retourner plusieurs fois avant d'obtenir gain de cause, afin de clarifier leur situation familiale et pour que les enfants à venir soient inscrits comme deuxième et troisième enfants, sachant se situer dans la lignée généalogique. Il était primordial, bien sûr, pour Nadège et son mari, que soit officialisé leur accès à l'état de parents et reconnue l'existence de cette grossesse et de cette naissance. Pour en finir avec cette souffrance, il a fallu que soit entendu et reconnu ce qu'elle avait vécu et souffert.

■ On me demande d'aller voir Céline, entrée le matin même dans le service pour une vérification échographique de la santé d'un bébé qui présentait un retard de croissance. On lui a annoncé une mort fœtale *in utero*. Dans la chambre, Céline est avec son mari qui lui tient la main. Ils sont sous le choc, elle pleure, lui ne la quitte pas des yeux. C'est toujours difficile

1. Allergie massive et brutale suite à l'injection ou l'ingestion d'une substance donnée.

d'aborder un couple, celui-là jeune, beau et amoureux, quand la mort vient tout juste de frapper.
C'est une première grossesse à sept mois et demi. Ils étaient heureux, tout était prêt pour ce bébé déjà nommé, jusqu'au jour où une échographie dans la clinique où Céline était suivie montre un bébé un peu en arrêt dans sa croissance. Ce qu'on leur dit n'est pas clair, ils insistent. Tout cela prend du temps; ils sont adressés à l'hôpital pour une prise en charge plus efficace, mais trop tard.
Ce jeune couple communique bien, tous deux sont clairs dans leurs choix. Ce bébé était leur premier, ils lui garderont le prénom choisi qui figurera sur le livret de famille. Le suivant sera leur deuxième enfant. Il leur reste à pleurer celui-ci, à comprendre si possible ce qui a pu arriver, et à se remettre avant de penser à une deuxième grossesse.

■ Sandra a trente-cinq ans. Elle souhaite me rencontrer quinze jours après l'accouchement car elle a mis au monde, à six mois et demi, une petite fille réanimée, puis décédée à la naissance. Elle-même, victime d'une toxémie gravidique, était en mauvais état au moment de l'accouchement. Aussi, quand on lui a demandé si elle souhaitait voir le bébé, elle a décliné l'offre. Elle regrette qu'on ne le lui ait pas proposé à nouveau un peu plus tard. Elle se plaint : « Le personnel n'est pas du tout formé psychologiquement. Je viens vous voir, c'est bien, mais en salle de travail, on a affaire aux médecins et aux sages-femmes qui ne comprennent rien à ce qui se passe pour des femmes dans mon cas. »
Sandra se sent mal et dans un état étrange : « Le monde pour moi est irréel, j'étais enceinte et je rentre chez moi sans bébé, sans rien. C'est comme s'il ne s'était rien passé, je n'ai aucune trace, aucune photo, aucun souvenir puisque je ne l'ai pas vue, aucune preuve que cette grossesse a bien existé. »
Alors Sandra se raccroche à quelque chose, son dossier médical; elle veut comprendre, doute, craint qu'il n'y ait eu, à un moment quelconque, une erreur : « Cette grossesse a été inquiétante dès le début. Lors d'une prise de sang pour dépistage de la trisomie, j'ai reçu un coup de fil brutal pour venir faire une

amniocentèse dont le résultat s'est révélé négatif. Mais, après, personne ne s'est inquiété de mon excès de poids et de l'excès de liquide amniotique. N'aurait-on pas dû ou pu intervenir ? »
Sandra revendique et se plaint du corps médical, ce qui est fréquent dans son cas. A-t-elle raison ou non, ce n'est pas à moi d'en juger. J'en dis un mot au médecin qui doit la voir après le résultat d'autopsie afin qu'il soit bien clair dans ses explications. Mais on comprend bien que cette femme craint, ce qu'elle évoquera d'ailleurs, que quelque chose n'aille pas chez elle, dans son couple, un problème génétique par exemple. Le doute s'est insinué en elle car elle n'a pu mettre au monde un enfant bien portant, ce qui est vécu comme un échec. De plus, elle ne sait pas de qui faire le deuil puisqu'elle n'a aucune image matérielle ou mémorisable de l'enfant perdue.
Sandra vient me voir en faisant des détours pour éviter la salle d'attente et la rencontre avec des femmes enceintes. Il lui faudra deux mois pour retrouver un peu de sérénité et envisager une autre grossesse qu'elle fera « suivre ailleurs afin de ne retrouver aucun mauvais souvenir ». Il est bien difficile de terminer ainsi une première grossesse sans se sentir handicapée pour l'avenir.

Par rapport aux grossesses qui se terminent par une mort brutale de l'enfant, la douleur ressentie par les parents a quelque chose à voir avec ce qui se vit lors de la mort subite du nourrisson. Les grossesses arrêtées ou les morts *in utero* dont le seul signe est l'arrêt de l'activité cardiaque constatée à l'échographie ou à l'auscultation ont un effet stupéfiant. Il y a incompréhension de cette découverte souvent tardive, et il arrive que le désarroi et la douleur soient accompagnés de culpabilité pour n'avoir rien perçu, rien pu empêcher.

L'INTERRUPTION MÉDICALE DE GROSSESSE

Le diagnostic anténatal est considéré comme un progrès. C'est, il est vrai, une avancée médicale dans le savoir. L'amniocentèse, la ponction de sang au cordon et l'échographie, bien sûr, font partie de ces investigations qui permettent d'en savoir plus sur l'enfant porté. Mais le savoir n'est pas thérapeutique. Déceler une anomalie est une chose, la soigner en est une autre. En dehors de certaines pathologies opérables à la naissance, et pour un grand nombre d'anomalies ou de handicaps graves, il n'y a, dans l'arsenal du médecin, que la mort à proposer, la mort décidée plutôt que la mort subie, plutôt que le handicap à porter durant la vie de ce futur enfant.

Pour le médecin qui a fait serment de toujours protéger la vie, on peut penser qu'il n'est pas simple de donner la mort, même pour une raison qu'il juge préférable à une autre, même en pensant qu'il protège ainsi une famille d'une douleur pire. Mais pour savoir qu'une douleur est pire qu'une autre, il faudrait avoir eu l'expérience des deux. Ceci est une autre histoire du côté des couples concernés.

Du côté médical, la décision de proposer une interruption de la grossesse n'est pas prise individuellement mais collégialement, au cours d'une réunion où le cas est discuté, ce qui allège sans doute pour les médecins le poids de cette décision.

Mais, ici, nous nous intéressons aux souffrances des femmes et des couples puisque ce sont les personnes qui font appel à nous pour évoquer leurs états d'âme qui sont à la fois éthiques et psychologiques.

Quand un protocole est très bien organisé, bien balisé et mis en place, qu'il aboutisse à la vie ou à son interruption, la situation peut se banaliser pour l'équipe en place qui, de manière répétitive, fait les mêmes gestes, dit les mêmes paroles. Il est très facile d'oublier alors le caractère unique, exceptionnel de ce que cela représente pour une femme qui vit dans sa chair et dans sa tête comme un tremblement de terre, un drame absolu, incapable qu'elle est, en raison de son humanité et de son unicité, de comparer sa douleur à une autre qui serait « pire » et de la voir atténuée par je ne sais quel marchandage psychologique.

La douleur n'est pas relative, elle est absolue quand on est en train de la vivre, cela doit se savoir. Il faut savoir aussi que, malgré les progrès de la médecine, la certitude sur une éventuelle anomalie est rarement acquise précocement et que, contrairement aux interruptions volontaires de grossesse qui, légalement, ne se pratiquent pas après dix semaines, les interruptions médicales peuvent intervenir à n'importe quel terme, y compris quelques jours avant la date présumée de l'accouchement. L'élément primordial est que les médecins se soient mis d'accord sur le caractère très grave et irréversible de l'anomalie pour proposer l'interruption de la grossesse. Il arrive que les parents soient informés à un certain moment de l'existence d'une anomalie et doivent attendre plusieurs semaines le verdict des experts. Pendant ce temps d'attente – que les femmes décrivent après comme infernal –, bien souvent aucun soutien psychologique ne leur est proposé « puisque ça ne changerait rien aux faits », comme me l'a dit un jour un soignant.

Il semble important de donner de l'écho à ces informations très peu connues de la majorité du public afin de lui permettre de mesurer ce que peuvent vivre et ressentir les femmes et leurs partenaires concernés par ces graves problèmes. En effet, il est su et admis de tous que les femmes enceintes ont avec l'enfant qu'elles portent, et ce plus ou moins précocement, une relation très forte et même un dialogue. Elles y sont fortement encouragées, cette relation préparant celle d'après la naissance et permettant aux femmes de ne pas se sentir seules pendant cette délicate période. Pourtant, dans de nombreux services, on ne se demande pas ce qui peut se passer pour une de ces femmes lorsque, au cours d'un même entretien :

– on lui apprend que le bébé qu'elle porte est atteint d'une grave anomalie non guérissable à ce jour ;
– on lui propose une interruption de cette grossesse, c'est-à-dire un accouchement provoqué précédé d'une piqûre intracardiaque mettant fin à la vie du fœtus, et ce dans les plus brefs délais ;
– on lui demande si elle voudra le voir à la naissance ;
– on l'engage à signer sans tarder une autorisation d'autopsie.

Malgré le bien-fondé de toutes ces étapes, prend-on conscience de ce que représentent pour un psychisme humain la réception et l'intégration de cette terrible annonce, immédiatement suivie des réponses à donner et des actes à poser, c'est-à-dire d'une annonce touchant le plus intime et le plus vital de l'être en même temps que de son aspect protocolaire et administratif ?

Les femmes ou les couples rencontrés à ces instants-là, parce qu'ils en ont fait la demande, apparaissent comme sonnés, anéantis, incapables de prendre les décisions qu'on leur demande, ou alors révoltés, voire désespérés et faisant état d'un souhait de mort pour eux-mêmes. Revus quelques jours plus tard, leur réaction est différente et plus calme. Il faudrait juste leur donner un peu plus de temps, le temps de réaction nécessaire pour qu'une femme qui sent bouger en elle l'enfant qu'elle aime déjà réalise qu'elle va le perdre et donne son autorisation pour ce qu'elle vit comme sa mise à mort. Certaines maternités sont conscientes de cela, d'autres pas.

On peut s'interroger aussi sur ce que deviennent la relation et le dialogue entre la mère et le bébé porté lorsqu'elle sait, et qu'elle a finalement accepté de mettre fin à la vie de celui-ci. Quel malaise s'empare de sa pensée et de la parole qu'elle lui adresse ? Comment oublier les mots de cette femme (déjà gravement perturbée psychologiquement) qui, attendant des jumeaux dont l'un était porteur d'une anomalie sérieuse mais devant rester à l'hôpital pour que le second arrive à maturité, me disait en sanglotant : « Comment voulez-vous que je signe une autorisation d'autopsie qu'on me réclame quand je sens à chaque instant bouger en moi ce bébé, un bébé vivant ? »

Il y a sans doute là de quoi devenir tout à fait fou. Le monde moderne, par ses progrès mêmes, recèle de nouvelles pathologies, surtout si n'est pas respecté le temps nécessaire à chaque individu pour intégrer et digérer les malheurs qui lui arrivent et pour y faire face.

Il est probable que c'est dans ce cas de figure que médecins et patients ont des besoins radicalement opposés : les premiers sont pressés d'accélérer un acte déjà discuté dont ils refoulent le plus possible le déplaisir qu'il leur cause et ne supportent pas d'entendre la douleur des parents ; les seconds, même s'ils ne veulent à aucun prix d'un enfant handicapé, ont besoin d'un temps minimal pour intégrer la mise à mort de leur enfant et souhaitent être entendus et humainement compris.

■ Bernadette vient me voir, sa demande est urgente. Elle ne peut surmonter seule ce qui vient de lui arriver : l'interruption médicale de sa première grossesse à cinq mois pour anomalie fœtale grave, ne permettant pas à terme la survie du bébé. De plus, elle veut être entendue comme n'importe quelle femme. Exerçant une profession médicale, Bernadette a eu un entretien avec un spécialiste de la génétique qui lui a parlé technique de façon brutale, oubliant qu'elle était la mère de cet enfant.
Au sein de la famille, elle vit une période difficile aussi, car il y a des baptêmes et des naissances à venir qui comptent plus que son histoire à elle, vite déniée et diminuée. On lui dit : « C'est comme une fausse couche, oublie ça. » Mais elle proteste : « J'ai vécu un accouchement, j'ai été une mère et personne ne le reconnaît. » Son mari ne la soutient pas dans ce désir de reconnaissance, mais, après en avoir parlé dans cet entretien et avoir été soutenue dans sa souffrance, elle fera la démarche, au cours

d'une cérémonie familiale religieuse, de faire prier l'assemblée pour son fils Ludovic. C'est seulement après qu'elle pourra commencer à en faire le deuil.

Cette non-reconnaissance de leur maternité par l'entourage est un thème récurrent chez les femmes ayant subi une interruption médicale de grossesse. Cela s'ajoute à la blessure d'amour-propre qui est celle d'avoir fabriqué un enfant malformé. Elles sont par conséquent deux fois atteintes dans l'image qu'elles ont d'elles-mêmes et qu'il faut aider à restaurer. De plus, elles ne peuvent partager avec personne le chagrin de la perte de leur enfant puisque l'entourage et la société en général préfèrent refouler tout ce qui touche à la malformation et à la mort, et que le silence et la minimisation de l'événement leur sont presque toujours opposés. En effet, pour dire adieu à quelqu'un, il faut bien qu'ait été reconnue son existence, même éphémère.

■ Nicole vient me voir cinq mois après l'interruption médicale de sa grossesse. Ses premiers mots sont : « Je ne m'en remets pas. » Elle pleure beaucoup, dit que son entourage ne supporte pas son chagrin et que sa mère, en particulier, nie tout ce qu'elle a vécu lors de cet événement.

Il est à noter que cet enfant avait été désiré par ses deux parents après la mort du père de Nicole, mort qui les avait beaucoup atteints tous les deux. « C'est une vie pour une autre vie », avait dit son mari. Ils ont donc échoué à faire revivre en leur enfant le père et beau-père tant aimé.

Le deuil de cet enfant est lourd puisque s'y superpose un autre deuil qui le rend confus. Nicole est venue me voir peu avant la date où cet enfant aurait dû naître. Il est rare que le deuil puisse intervenir avant cette date symbolique, et c'est comme un respect pour l'enfant perdu que de ne pas remettre en route une autre vie avant. Interrompus par une grève des transports, nos entretiens n'ont pas repris. Cela avait dû suffire à Nicole pour se remettre à vivre sans son père et sans cet enfant.

L'interruption médicale de grossesse, comme d'autres pertes d'enfant, mais davantage en raison de la culpabilité qui s'y attache, est l'occasion de demander à un psychologue comment en parler aux enfants précédents. Cette demande en cache une autre, bien sûr, concernant la mort, mais aussi permet de parler de ce douloureux événement.

■ Brigitte est très mal ; elle est hospitalisée pour une menace d'accouchement prématuré et d'autres somatisations consécutives, semble-t-il, à l'annonce qui lui a été faite qu'un de ses jumeaux, un garçon, est atteint de nanisme, la fille étant saine. Elle pleure et se culpabilise d'avoir à décider de la mise à mort de cet enfant qu'on lui a proposée. En fait, elle n'est pas seule à décider : les médecins l'y incitent fortement, son mari le souhaite, mais elle, c'est une mère, et elle hésite : « Un nain peut être heureux peut-être », dit-elle en sanglotant. Déjà mère de deux enfants, elle me demande ensuite comment il faut parler de la mort à ceux-ci. En effet, lors d'une précédente fausse couche, elle a dit aux enfants qu'elle avait perdu le bébé, et un jour son petit garçon lui a demandé : « Quand est-ce qu'on va le retrouver, le bébé ? » Cette fois, ils ont dit aux enfants qu'en fait il n'y avait qu'un bébé.

Ce couple a une difficulté à dire les mots vrais aux enfants et ils courent le risque de perdre leur confiance lorsque ceux-ci découvriront qu'on leur a complètement ou partiellement caché la vérité. Les enfants, quel que soit leur âge, ont droit au respect et à la vérité sur les événements qui les concernent. Or la mort d'un petit frère les concerne, et ce sont les adultes qui ont peur des mots ; le mot « mort » n'effraie pas les enfants. Ce qui les effraie, c'est la séparation d'avec leur mère, et quand celle-ci est hospitalisée à l'occasion d'une grossesse, c'est de cela qu'ils ont peur, de ne plus la revoir.

L'interruption médicale de grossesse, processus de mort pour interrompre la vie d'un être malformé ou gravement malade, fonctionne pour les parents concernés comme une épreuve terrible, d'autant plus qu'elle est souvent cachée. Cette épreuve est censée en éviter une autre considérée comme pire : être parent d'un enfant handicapé. L'époque n'est pas tendre envers les handicaps de toutes sortes, et rares sont les parents qui se sentent capables de l'assumer, surtout si on leur propose l'autre solution. Dans certains cas, la malformation est si grave qu'elle aboutira à la mort dès la naissance, et certains parents préfèrent laisser faire la nature que d'intervenir.

L'image est reine aujourd'hui ; elle se substitue parfois à la personnalité et on en reste prisonnier. Peut-être que plus un couple est beau, intelligent, brillant, moins il est capable de supporter que son image soit ternie par un enfant malformé, sans compter la vie éprouvante que cela suppose pour ces parents.

■ Caroline et Jean-Jacques ont eu une fillette trisomique sans que cela ait été décelé avant la naissance. Leur réaction est immédiate et brutale : le lendemain de la naissance, Caroline a quitté la maternité en abandonnant l'enfant. On lui a conseillé de me rencontrer, ce qu'elle accepte. Je recevrai plusieurs fois l'un et l'autre séparément, à leur demande. Ces gens sont beaux, intelligents, d'un niveau culturel élevé, sensibles aussi. C'est Caroline qui se sent à la fois la plus sûre de sa décision et la plus affolée de ce qui s'était présenté : elle s'est toujours sue incapable d'affronter la prise en charge d'un enfant handicapé. Elle aurait aimé, dira-t-elle ensuite, avoir de ses nouvelles, plus tard, de temps en temps, mais pas en avoir la charge. Elle signera l'abandon qui interdit en France cette possibilité.
Jean-Jacques apparaissait plus ambivalent, disait avoir eu un jour l'envie d'aller rechercher l'enfant. Il était satisfait de pouvoir en parler, car, ayant souffert d'un suicide dans sa famille très proche, il connaissait les dégâts du silence. Mais ce qui lui semble difficile pour lui paraît insurmontable pour elle, qui se dit « exigeante et perfectionniste ». Cet acte terrible d'abandon

a sans doute pu être moins culpabilisant et peut-être à peu près surmonté grâce à la parole dite et échangée avec une psychologue, au lieu d'en rester à un passage à l'acte sans mots.

Il n'est pas sûr, contrairement à ce que pensent certains, que les problèmes qui se posent à propos de l'interruption médicale de grossesse soient de nature exclusivement éthique et religieuse. Ils sont essentiellement d'ordre psychologique. Il existe en chaque individu une capacité plus ou moins importante à faire face à des tâches très difficiles, à des épreuves terribles, et cette capacité évolue au cours de la vie. Il semblerait sain que les protagonistes aient le temps d'y réfléchir seuls ou en partenariat avec un interlocuteur neutre, psychologue ou psychanalyste, qui ne cherche pas à l'influencer mais l'aide à trouver sa vérité, un peu comme cela existe pour les entretiens pré-I.V.G. Ce serait préférable à une forte incitation émanant de personnes, médecins ou chefs religieux, qui projettent sur eux leur propre angoisse ou leur croyance à ce sujet.

Il faut ajouter à ce chapitre sur les morts d'enfant en cours de grossesse, à la naissance ou dans les jours qui suivent, qu'elles prennent une résonance et une ampleur particulières lorsqu'elles surviennent chez un couple jusque-là infertile. Dans ce parcours de plusieurs années d'infertilité, la grossesse, enfin là, est un événement quasi miraculeux, souvent vécu comme sur un nuage quand on n'osait plus l'espérer. L'enfant est attendu tel un sauveur, de façon excessive, bien sûr. Sa mort, parfois niée dans un premier temps, survient comme une violence reçue avec révolte et stupeur. Ces couples, car il ne faut pas oublier les hommes, même s'ils manifestent moins leurs émotions, ont à être soutenus particulièrement dans un deuil vécu de façon dramatique.

Le deuxième point est qu'il semble primordial d'avoir en perspective l'enfant suivant pour aider les familles ainsi endeuillées. Ces morts précoces, escamotées ou minimisées par le corps social, empêchant le chagrin de s'exprimer et le deuil de se faire, font le lit de pathologies qui peuvent être graves chez l'enfant suivant. Nombre de psychanalystes ont à connaître des patients venus au monde après un enfant mort, n'ayant pas de place pour eux-mêmes, portant parfois le prénom choisi pour le précédent, enfants de remplacement jamais satisfaisants, avec de graves problèmes d'identité. Ou alors, ce sont de grands dépressifs, ayant eu pour leurs premiers jours de vie une mère triste, absente à eux, en deuil d'un autre.

Peut-être faut-il d'abord savoir pleurer les morts pour pouvoir ensuite sourire aux vivants...

Il est maintenant communément admis par notre société que, lors d'un traumatisme grave, collectif en général, une cellule psychologique soit mise au service des victimes immédiatement après les faits pour que l'expression verbale du choc se fasse tout de suite, sans attendre la création d'une névrose traumatique qui s'aggraverait par la suite et serait beaucoup plus longue à soigner. Les intéressés disent souvent le bienfait que cette aide leur a apporté pour vivre ensuite. Peut-être peut-on respecter et comprendre le choc et la douleur vécus par les femmes et leurs compagnons quand ils perdent un enfant, quel que soit le stade de son évolution ? Il ne faut pas ignorer ce que représente pour une femme un enfant porté dans sa chair et la douleur traumatique que provoque l'interruption de sa vie, surtout quand elle doit signer pour cela. Il semble donc important de proposer à ces personnes l'aide d'une écoute appropriée, destinée à leur permettre de rétablir un équilibre et peut-être de trouver un sens au malheur qui les frappe.

C'est un homme, un jour, qui, ayant par avance demandé qu'on lui rende le corps de son enfant après autopsie, et pressant de questions la sage-femme qui était avec moi dans la chambre, s'interrompit soudain pour dire : « Mais vous vous rendez compte que nous sommes en train de parler d'un enfant vivant ! » C'est cet homme qui donnait là une leçon d'humanité à chacun.

Quand une société dénie aux individus l'expression de leurs sentiments et de leur souffrance, elle est sur la voie de la déshumanisation.

Lorsque des parents perdent un enfant en cours de grossesse ou à la naissance, lorsqu'ils doivent même signer pour sa mise à mort, cet enfant reste le leur. Ils ont le droit de le voir, le droit de l'enterrer, même si cela ne leur est pas proposé, car ce bébé, achevé ou pas, n'appartient pas à la médecine mais à ses parents [1].

Les grossesses multiples

C'est à dessein que j'ai inclus dans les maternités impossibles ces grossesses multiples, rares autrefois car accidents de la nature, devenues courantes aujourd'hui par le fait des procréations médicalement assistées.

Il s'avère en effet que, pour les femmes en forte demande d'un enfant, les maternités multiples arrivent comme un cadeau empoisonné, produisant des grossesses cauchemardesques et des maternités « impossibles » matériellement et psychologiquement.

Depuis l'apparition des fécondations *in vitro* avec transfert d'embryon, une grossesse est devenue possible pour les femmes n'ayant plus de trompes. Cette révolution biologique, pour mieux réussir, a consisté à transférer plusieurs embryons pour donner des chances supplémentaires à l'implantation d'au moins

1. Voir Chantal Haussaire-Niquet, *L'Enfant interrompu*, Flammarion, Paris, 1998.

un embryon. Depuis, les indications de F.I.V. se sont multipliées puisqu'elles se font parfois en cas d'infertilité masculine. Mais se sont multipliées également les grossesses multiples avec leur cortège de pathologies physiques et psychiques, d'enfants prématurés, de réductions embryonnaires, sortes d'I.V.G. partielles dont les femmes se remettent mal psychologiquement, quand elles ne perdent pas la totalité des bébés portés. Ajoutons que nombre de grossesses multiples ne sont dues qu'à des traitements hormonaux, même légers par voie orale, ce que semblent ignorer beaucoup de gynécologues qui n'avertissent pas les femmes des risques de multiplicité. Mais laissons l'aspect biologique au corps médical et intéressons-nous plutôt aux femmes qui, après avoir vécu l'impossibilité d'une grossesse, se retrouvent à vivre des maternités persécutantes et débordantes. De plus, les femmes concernées n'osent guère se plaindre et refoulent très fréquemment leur mal-être, sachant bien qu'elles vont s'entendre répondre que tout cela, elles l'ont bien voulu. Est-ce bien vrai ?

Comme je l'ai indiqué plus haut, les femmes à grossesses multiples sont adressées par une autre maternité, et c'est à l'occasion de leur hospitalisation que j'ai parfois à les accompagner dans ce douloureux parcours qui leur semble interminable car il peut durer plusieurs mois.

■ Elvira est hospitalisée à vingt-trois semaines d'aménorrhée avec une grossesse triple à la suite d'une induction d'ovulation. Après un enfant mort-né et un garçon vivant qui a six ans aujourd'hui, elle a perdu deux ans plus tôt un bébé de deux mois et ne parvenait plus à être enceinte de nouveau. Cette femme supporte très mal d'être hospitalisée et veut sortir. Sa perturbation importante semble trouver son origine dans une enfance maltraitée. Elle a probablement occupé une place « impossible », dans une famille recomposée, après un enfant mort. Elle n'a d'ailleurs été déclarée qu'un mois après sa naissance au Portugal. Mon rôle sera d'écouter, de soutenir cette femme difficile et d'être comme un tranquillisant pour elle afin que sa grossesse se maintienne. Outre le fait que les tranquillisants sont contre-indiqués aux femmes enceintes, il vaut mieux une relation humaine de confiance qu'un médicament. Comme beaucoup d'anciens enfants maltraités, Elvira suscite le sadisme et la méchanceté de certaines personnes. Il faudra l'aider à se défendre et à tenir le coup dans ce parcours hospitalier de quatre mois qui, bien sûr, verra de fortes baisses de moral. L'immobilité totale, la passivité, l'isolement du monde, la perfusion, le poids des bébés qui prennent de plus en plus de place sont de grandes difficultés pour Elvira, comme pour d'autres femmes. La vision de son ventre énorme et plein de vergetures, l'insomnie, parfois les démangeaisons, la dépendance du bassin, enfin le fait d'avoir à vivre comme une grande malade sont autant de facteurs qui rendent difficilement supportables ces semaines avant la naissance.

À cela s'ajoute la rupture de la vie de couple qui n'est pas vraiment faite pour préparer ces gens aux moments très difficiles qui les attendent.

Elvira accoucha par césarienne, à trente-cinq semaines, de trois petites filles dont l'une mourut à deux jours de vie d'une maladie génétique rare, la même qui avait emporté son troisième enfant. Ce fut dur pour la maman de supporter cela, aussi de ne pas préférer l'une des filles au détriment de l'autre, dans une répétition de ce qu'on lui avait fait. Pour cela, j'ai pu l'aider un peu grâce à des entretiens téléphoniques que nous avons eu par la suite. Cela fait aussi partie du travail du psychologue en maternité que de repérer les mamans qui pourraient devenir maltraitantes en raison de leur passé et de leurs difficultés psychosociales, et de travailler avec elles avant et après la naissance, avec l'aide des autres acteurs sociaux.

■ Florence est une belle femme de trente-six ans qui, après de lourds antécédents obstétricaux (trois grossesses extra-utérines, trois fausses couches), est enceinte de trois bébés, un garçon et deux filles, à la suite d'une F.I.V. L'hospitalisation à trente semaines est mal supportée car l'été est très chaud. Mais cette femme et son mari ont trouvé une façon intelligente de préparer l'avenir multiple : les bébés sont nommés très tôt, et Florence, grâce aux échographies et aux enregistrements du cœur des bébés, sait où ils se trouvent dans son ventre, leur parle nommément, leur trouve une personnalité grâce à leurs mouvements. Cela rendra chaleureuse et gaie cette attente difficile.

Hélas, la plus petite des filles décédera à deux jours, d'une malformation cardiaque. Sa maman pleurera beaucoup et rentrera à la maison avec deux enfants, comme Elvira. Même si une mère a du chagrin de perdre un de ses enfants, elle sait qu'il est moins difficile d'élever en même temps deux bébés que trois ou plus. Comme me l'a dit un jour une femme angoissée par une grossesse triple : « Comment vais-je faire, je n'ai que deux bras ? »

■ Joanna m'est signalée parce qu'elle pleure, hospitalisée pour la surveillance d'une grossesse triple. Je trouve effectivement une femme en larmes et prends le temps de l'écouter. Arrive alors le récit de l'enfant mort-né un an plus tôt dont elle n'a visiblement pas fait le deuil. Il n'est question que de lui, ce que je respecte, et nous en parlons longuement. Cette femme en est à sa neuvième grossesse et n'a qu'un enfant vivant. De l'enfant perdu, elle n'a pu parler à personne, elle a enfoui cette douleur jusqu'aujourd'hui.

Je la revois trois jours plus tard ; elle est transformée, souriante, bien arrangée. Elle a pu parler vraiment de ce bébé décédé et tourner la page. Comme un verrou qui a sauté, le traumatisme s'est éloigné ; elle peut maintenant s'intéresser aux trois petites filles à venir et, par exemple, leur trouver des prénoms, trois pour chacune, prénoms signifiants qui tiennent compte de la double culture des parents.

■ Sarah est hospitalisée à dix-neuf semaines pour une surveillance de grossesse quadruple. Mariée depuis trois mois avec un homme plus âgé qu'elle, elle a constaté une ovulation

irrégulière et consulté une gynécologue qui lui a prescrit un inducteur d'ovulation par voie orale. Pourquoi une telle précipitation ?
Les premiers temps, Sarah est déprimée et attend mes visites. Ses inquiétudes se portent essentiellement sur son couple qu'elle n'a pas eu le temps de construire et de consolider avant une naissance et qui risque d'être mis à mal par l'arrivée de quatre enfants d'un coup. Son anxiété, ici justifiée, s'était d'abord portée sur sa fertilité ; c'est ce qui s'appelle mettre la charrue avant les bœufs ! C'est comme si cette femme avait voulu s'interdire l'accès à une vie sexuelle épanouie mais venait d'en prendre conscience avec effroi. Cette prise de conscience sera rapidement refoulée et son humeur s'améliore de semaine en semaine, de façon assez défensive. Très religieux, le couple va se construire sur et avec ces enfants. C'est une petite communauté qui va voir le jour quatre mois plus tard, ayant probablement renoncé à être deux.

On sait que, psychologiquement, un individu ne peut investir plus d'un objet d'amour à la fois, mais seulement les uns après les autres. Il ne sert à rien de le nier et cela suppose que, dans le cas de naissances multiples, certains enfants doivent attendre pour être normalement « adoptés » par leurs parents. Quant à ceux-ci, débordés et frustrés, ils ne s'en sortent qu'en faisant vivre leur famille sur le modèle d'une collectivité. Ils peuvent également adhérer à des associations de parents à naissances multiples qui leur permettent d'avoir des conseils, des adresses et de se sentir un peu moins isolés dans leurs difficultés.

Ayant rencontré également des femmes à grossesse triple naturelle dont l'une portait des enfants monozygotes, c'est-à-dire issus d'un seul œuf et donc *a priori* identiques, j'ai constaté que ces femmes-là s'en sortaient mieux pendant la grossesse. Elles peuvent dire en effet sans culpabilité que c'est une « galère », puisqu'il s'agit d'un accident de la nature. Elles n'ont pas à faire semblant de trouver cela merveilleux et se préparent davantage aux difficultés qui les attendent, elles, leur mari et l'enfant ou les enfants précédents qui vont devoir vivre, multipliées, les affres de la jalousie.

Il peut sembler excessif aux femmes qui ne parviennent pas à avoir un enfant de parler des grossesses multiples comme « impossibles ». En effet, quand on se trouve devant cette souffrance du manque qui peut se vivre comme un vide, tout semble préférable. Cependant, il n'est pas sûr qu'il soit aisément supportable, après le vide, de faire face au « trop-plein ». Quelle frustration pour des femmes qui ont rêvé de cette éblouissante relation à deux, mère-enfant, tant décrite, tant enviée et dont les hommes se montrent parfois jaloux à juste titre ! Quelle frustration de se retrouver à compter le nombre de couches qu'il va falloir acheter, le lait en poudre, les vêtements, les biberons, les nuits sans sommeil où l'un réveille l'autre, et la peine infinie de ne pouvoir prendre dans ses bras un bébé en détresse parce qu'on s'occupe d'un autre !

Il ne s'agit pas d'une famille nombreuse ordinaire où les enfants arrivent les uns après les autres : il s'agit d'une anomalie, qu'elle soit le fait de la nature ou de la médecine. Il est d'ailleurs dérisoire de constater que la même médecine, ou tout au moins la biologie, a inventé la pilule contraceptive pour espacer les naissances et permettre aux femmes de vivre des maternités épanouies. On voit ici l'envers du décor, et il semblait important de rappeler que tout n'est pas merveilleux et idéal dans la maternité, même avec les progrès scientifiques.

CHAPITRE 2

LE COMPLEXE DE LA CITROUILLE

Il y a quelques années, Françoise Dolto parlait de la cause des adolescents en employant le terme imagé de « complexe du homard ». Cette image avait pour objet de faire comprendre la difficulté de cet âge où la mue corporelle, associée simultanément aux transformations psychologiques, provoque un malaise indéfinissable et passager qu'il est important de prendre en compte.

Il semble qu'il y ait un rapport assez étroit entre ce passage adolescent et celui de la grossesse, et qu'il serait intéressant d'envisager sous cet angle ce moment particulier de la vie des femmes.

La grossesse, une épreuve souhaitée

Après le passage délicat de l'adolescence – que traversent les garçons et les filles avec plus ou moins de bonheur et quelques cicatrices, et dont la fin, difficile à dater, signe l'entrée dans l'état adulte –, les hommes et les femmes vivent l'expérience de la sexualité qui est aussi celle de leur rencontre.

La grossesse, qui devrait être la suite logique de la sexualité, en est coupée, en fait, tout au moins dans l'esprit des femmes et des hommes de notre temps. Trente ans après la loi sur l'autorisation de la pilule contraceptive, on s'aperçoit, en écoutant les femmes, que pour elles sexualité et procréation ne sont plus liées. Les femmes qui ont vécu leur sexualité avant la pilule se souviennent bien que chaque acte sexuel faisait craindre (ou espérer) une grossesse; elles se vivaient comme potentiellement fertiles. Les jeunes femmes d'aujourd'hui, sous pilule de plus en plus tôt et de plus en plus longtemps, pour des raisons à la fois financières et professionnelles conscientes, se vivent comme infertiles. Toute grossesse non prévue est un accident. En revanche, elles imaginent que, le jour où elles se sentiront prêtes à procréer, il leur suffira d'arrêter la prise de pilule ou d'enlever le stérilet pour se trouver enceintes comme par magie. On voit là que c'est le médical et non plus le sexuel qui est relié à la procréation.

■ Un jour, une femme reçue pour une demande d'I.V.G. dans un centre d'orthogénie où je travaillais, me dit : « Mais ce n'est pas possible que je sois enceinte! J'ai arrêté la pilule pour reposer mon organisme; ensuite, je voulais attendre un peu et, quand j'aurais décidé d'avoir un enfant, je serais allée chez le médecin! » Et moi, étonnée, de lui répondre : « Mais pourquoi chez le médecin, est-ce de lui que vous souhaiteriez un enfant ? » Elle a ri, comprenant le message.

Ces paroles reviennent de plus en plus fréquemment dans les entretiens avec les femmes. Pour avoir un enfant, on dirait qu'il suffit de taper sur un ordinateur à la période souhaitée. Si cela ne marche pas tout de suite, on s'adresse au corps médical. Le discours est devenu très technique, déconnecté de la vie sexuelle et amoureuse, du plaisir et du bonheur qu'on en retire, de la relation qu'on a avec ce partenaire dont on souhaite un enfant.

Enfin, un jour vient où une grossesse s'annonce, et ce qui va se passer est toujours une surprise, un événement. Car, aussi souhaitée soit-elle, une grossesse n'est jamais vécue comme on l'avait imaginée, elle est vécue différemment par chaque femme et même différemment à chaque fois.

On peut dire qu'une grossesse est une épreuve, au sens premier du terme, un révélateur de la résistance à vivre quelque chose de difficile et de nouveau, un passage de l'état de fille à l'état de mère, et donc à l'état adulte. Ce bouleversement physique – avec d'importants afflux hormonaux, un changement d'apparence évident, avec même une variation du centre de gravité –, bien qu'il soit presque entièrement réversible, fait étrangement penser aux transformations physiques et hormonales de l'adolescence. Il s'y mêle de grands changements psychologiques et l'accès à un nouvel état social. Et il ne concerne qu'une seule catégorie : les femmes. Mais l'enjeu a un poids supplémentaire puisque ce processus aboutit à la création d'un être humain, ce qui lui donne une dimension qui n'est plus seulement individuelle et familiale, mais sociale et planétaire.

Ce grandiose événement peut être aussi difficile à vivre, et l'épreuve initiatique révélatrice de fragilités. C'est pourquoi je l'ai appelé le « complexe de la citrouille », à cause de l'énormité, bien sûr, mais aussi avec un clin d'œil aux contes de Perrault. La citrouille devient un carrosse abritant un précieux petit prince à naître. Puis, à la naissance, tout redevient comme avant, mais seulement en apparence, car le corps qui a enfanté n'est plus tout à fait le même, la femme est devenue mère, l'homme père, et tous trois forment une famille théorique. Tout cela reste à construire, avec les difficultés que l'on sait.

Il ne s'agit pas ici de noircir le tableau, mais il serait temps de mettre un peu de vérité dans une civilisation des apparences qui idéalise exagérément tout ce qui touche à la maternité. Ce qui est extraordinaire, c'est qu'un être humain puisse en fabriquer un autre à l'intérieur de son corps sans intervenir. Ce mystère-là et celui de la mort ont fait écrire et parler les philosophes et les religieux, et tant d'autres depuis la nuit des temps. Nous ne devrions jamais cesser de nous émerveiller de cette possibilité, et le respect devant toute femme porteuse d'enfant devrait être une règle absolue. Mais doit-on pour autant décider que ce qu'elle vit est merveilleux ? Qu'en savons-nous ? Quand une femme annonce qu'elle est enceinte, combien de personnes lui demandent si elle est contente ou comment ça se passe pour elle ? Non, on décide pour elle que c'est le bonheur et, de ce jour, elle n'a plus la parole.

J'ai choisi pour ma part de la donner, cette parole, aux femmes enceintes. Dans leur immense majorité, elles ont souhaité, et même parfois ardemment, la grossesse qu'elles portent, tout au moins souhaité un enfant. Mais avant d'être enceinte, on ignore tout de cet état et comment on va traverser ce passage. Personne d'ailleurs ne peut prédire comment une femme va vivre cette épreuve. Des femmes dolentes, des « petites natures », vont vivre neuf mois sur un nuage de béatitude et d'inconscience ; des femmes fortes apparemment équilibrées vont déprimer ou somatiser, certaines vont s'éloigner de leur mari, d'autres ne supporteront pas de grossir. Pour un certain nombre d'entre elles, la grossesse va être une période épouvantable sur tous les plans, ce sont les plus concernées par le « complexe de la citrouille ».

La grossesse cauchemar

La plupart des femmes vivent la grossesse dans une grande ambivalence, heureuses d'être enceintes, émues et inquiètes de ce qui les attend. Ce qu'on ne sait pas ou très peu, c'est que ce moment rapproche les femmes d'elles-mêmes, de leur corps, de leur intimité, mais d'un corps non érotique, plus animal. En général, peu soucieuses de leur séduction, elles acceptent assez bien d'être déformées, comme si elles avaient plus à gagner qu'à perdre dans cette aventure. Mais leur amour d'elles-mêmes et de ce corps qui devient maternel ne s'accompagne pas toujours pour autant d'un sentiment maternel. Même si l'enfant bouge et si l'échographie en donne une étrange image, une femme ne devient réellement mère que lorsqu'elle voit et touche son enfant. Cela est souvent ignoré par les soignants qui critiquent le manque de coopération des femmes enceintes hospitalisées qui devraient, à leurs yeux, être déjà des mères au sens de l'oubli de soi qui caractérise les femmes qui viennent d'accoucher. Mais ce sentiment n'intervient pas avant la naissance ; il n'y a pas anticipation du sentiment maternel dans cet oubli de soi, ce don absolu, même s'il est en préparation. Il est d'ailleurs intéressant d'observer les femmes enceintes ayant déjà un enfant, surtout en bas âge : c'est celui-là qui les préoccupe, c'est sur leur séparation qu'elles pleurent. Il peut même y avoir un peu d'agressivité envers l'enfant *in utero* qui les empêche de vivre le lien encore fusionnel avec le précédent. Il est donc inutile et inefficace de les culpabiliser.

■ Récemment, on me demande d'aller voir Maria, hospitalisée pour une menace d'accouchement prématuré. La sage-femme l'a trouvée en train de parler à la photo de son bébé mort un an plus tôt, après une naissance à cinq mois et demi de grossesse et huit jours de vie. Cette femme n'est pas délirante ; simplement, pour elle, c'est celui-là qui a été son bébé, même peu de temps. L'autre qui bouge dans son ventre n'a pas encore de réalité, mais c'est bien la peur de la répétition du drame qui a fait contracter son utérus à la date anniversaire de la précédente naissance.

Pour ce qui est de l'état de grossesse, ce qui est acceptable par la majorité des femmes est parfaitement insupportable pour d'autres.

Des femmes vivent l'état de grossesse dans un terrible malaise physique et psychologique. Elles sont habitées par la peur ou une angoisse diffuse, ne supportent pas leur image qui se déforme. Ces neuf mois sont une traversée du désert, une année de parenthèse dans leur vie, qu'elles ne supportent que parce qu'il y a l'enfant au bout et qu'il est ardemment désiré. Leur désir d'enfant et leur capacité maternelle ne sont pas à mettre en doute, et bien souvent elles récidivent plusieurs fois. Il faut croire qu'elles trouvent dans leur maternité des bénéfices incroyables pour accepter de vivre neuf mois dans un état aussi effrayant. Mais quand il s'agit de la première grossesse, c'est une surprise totale, et elles ont parfois le sentiment qu'elles ne tiendront pas jusqu'au bout. Il est d'ailleurs fréquent que ces femmes accouchent avant terme ou fassent des menaces d'accouchement prématuré.

■ Pauline est enceinte de quatre mois lorsque je la reçois, à la demande de l'obstétricien qui la suit. Visage contracté, regard traqué, ses premiers mots sont : « J'ai peur », et elle éclate en sanglots. Cette femme est habitée par une véritable panique. Elle passe le plus clair de son temps dans les couloirs de la maternité, espérant avoir un bref entretien avec son obstétricien, mais aussi parce que seul ce lieu la rassure. Ce phénomène est relativement fréquent et je l'ai souvent constaté. La maternité est le lieu spécifique où tout est prévu pour les femmes enceintes et les bébés, et il permet bien souvent de contenir les angoisses des femmes concernées. C'est ainsi en tout cas qu'elles le ressentent.

Cette femme est atteinte d'une phobie grave. La phobie est une peur intense et irraisonnée d'un objet ou d'une situation, une peur dont on ne peut se défaire.

En l'occurrence, on peut parler d'une phobie de la grossesse, mais on peut aller jusqu'à évoquer une phobie du fœtus. On sait que les phobies sont insupportables pour les gens qui les vivent, mais l'objet de la phobie est toujours extérieur à la personne (avion, ascenseur, foule, etc.). Mais là, l'objet est interne, il habite la femme et se nourrit d'elle ; elle ne peut donc rien faire pour l'éviter, toute fuite est impossible.

> Pauline est dans un état grave, ne peut rester seule, a perdu six kilos, ne dort pas. Elle se plaint : « Je suis dans un tunnel, enfermée », dit-elle, comme un rat dans un labyrinthe, cherchant désespérément la sortie. Elle a même pensé interrompre la grossesse à deux mois tant son angoisse était forte, mais n'a pu renoncer à son enfant. Elle se sent envahie et invalidée par le fœtus et craint de « faire un rejet ». Par la suite, elle supportera très mal de grossir. Il est vrai qu'il y a des tendances à l'obésité dans sa famille, mais cette femme est assez intelligente pour savoir que la grossesse n'est pas l'obésité.

J'ai remarqué chez les femmes atteintes de cette phobie une très grande peur de grossir, avec parfois de l'anorexie dans leur jeune âge et une très forte angoisse de la mort. C'est comme si le bébé porté mettait leur vie en danger. « C'est lui ou moi », peuvent dire certaines. Il existe une faible capacité à supporter quelque chose à l'intérieur de soi, cela donne un sentiment opprimant d'envahissement.

On pourrait dire que ces femmes sont féminines du côté de la séduction mais pas du côté de l'animalité maternelle. Celle-ci se réveille aussitôt après la naissance car, souvent, elles souhaitent allaiter, peut-être pour réparer ce qu'elles ont vécu de culpabilisant pendant la grossesse. Mais on observe surtout que la phobie cesse avec la délivrance et qu'elles retrouvent avec plaisir la maîtrise d'elles-mêmes et de leur corps qui leur faisait défaut. Ces femmes-là ne font pas de « baby blues » puisque c'est avec le ventre vide qu'elles se sentent en possession de leurs moyens, contrairement à celles qui ont vécu le gros ventre avec béatitude.

Même si ces femmes enceintes terrorisées par leur état sont impressionnantes, il est important de ne pas paniquer, et surtout de ne pas les rejeter. Leurs symptômes peuvent inquiéter certains au point qu'ils veuillent les psychiatriser, ce qui n'est pas nécessaire en général car il s'agit d'une pathologie propre à la grossesse et réversible. Il est préférable de les garder dans le cadre hospitalier avec des interlocuteurs rassurants. Des entretiens fréquents sont indiqués avec un psychologue spécialiste de la maternité qui ne les jugera pas et les aidera à sortir du tunnel, afin qu'elles soient en mesure d'accueillir leur enfant à la naissance sans trop de culpabilité. Parfois, il faut un tranquillisant compatible avec leur état, prescrit par un spécialiste.

Sans atteindre ces sommets de souffrance, un certain nombre de grossesses s'accompagnent de dépression plus ou moins importante car l'état de grossesse est un révélateur qui fait resurgir du passé des événements douloureux, refoulés mais pas réglés.

Grossesse et dépression

■ Francine a vingt-six ans, un enfant de deux ans et une grossesse de six mois. Elle se dit très déprimée mais, comme beaucoup d'autres, reconnaît qu'elle l'est depuis longtemps. Mais on néglige cet état, on ne veut pas s'écouter. Elle pensait que le mariage et les enfants arrangeraient cela ; mais il se produit le contraire, ils en font les frais.

Elle situe le départ de sa dépression à l'adolescence où une histoire familiale l'a brutalement séparée d'une sœur un peu plus âgée qu'elle adorait. Depuis, elle est habitée d'un sentiment de solitude permanent. Elle se plaint d'un mari peu loquace : « Je voudrais être abreuvée, nourrie de paroles. »

Beaucoup de femmes se plaignent d'un sentiment de solitude qui n'a rien à voir avec la solitude réelle. Il s'agit plutôt de la nostalgie d'une première relation, plus idéalisée que vécue, et qui a quelque chose à voir avec le lien du nouveau-né au sein maternel. On n'a pas accepté d'être sevré (de lait ou de paroles), on veut toujours être avec l'autre, nourrie par l'autre. Alors, pour compenser ce manque, on se marie, puis on fait des enfants pour recréer ce lien idéal auquel on ne veut pas renoncer. Mais chaque expérience et chaque enfant accentuent la déception et aggravent la dépression, car l'enfant n'est pas la solution du problème.

Francine dit qu'elle veut quatre enfants, car elle est la quatrième de sa famille et veut donner sa chance de vie à un quatrième enfant. Il semble que sa naissance à elle ait posé un problème, car il n'existe aucune photo, et sa mère ne se rappelle rien la concernant. Elle veut donc réparer sa propre naissance en s'épuisant à mettre au monde des enfants, alors qu'elle préfère travailler à l'extérieur, elle qui aurait tant voulu être un garçon.

■ Karine, la trentaine, attend son troisième enfant. Elle dit qu'elle ne va pas bien quand elle est enceinte, mais, en réalité, elle se sent ainsi depuis vingt ans... Et pourtant, elle aime tellement les bébés qu'elle recommence, malgré les dépressions pendant les grossesses et après, malgré les difficultés physiologiques qui font que ses enfants naissent prématurément et qu'elle doit être cerclée et au repos. Elle a un sentiment de solitude très important et des angoisses tellement fortes qu'elle croit parfois devenir folle. Ses pensées se bousculent dans sa tête sans interruption, son émotivité est à fleur de peau, elle pleure à toute occasion, heureuse ou malheureuse. Son mari est agréable mais parle peu, elle aussi d'ailleurs ; elle ne sait rien lui dire d'elle, rien lui demander, mais se plaint de ce qu'il ne fait rien pour l'aider. Elle voudrait tant qu'on s'occupe d'elle pendant ses grossesses ! De son enfance, Karine n'a presque pas de souvenirs ; sa mère, hyperactive, ne parlait pas, mais ça n'était pas nécessaire, « on se comprenait sans se parler ».

Cela est, bien sûr, une idée imaginaire, ce qu'on appelle en psychanalyse un fantasme, relatif ici à une relation à deux idéale, sans différence et sans distance. Or la parole sert justement à abolir la distance, à reconnaître la différence. Demeurer dans cette illusion est la source de profondes déceptions et de grandes angoisses. Les femmes concernées par ce problème sans en avoir pris conscience font des enfants pour recréer cette illusion fusionnelle et, comme je l'ai dit plus haut, voient leur angoisse s'aggraver à chaque grossesse ou après la naissance.

Je verrai Karine deux fois par semaine. Sa dépression s'atténuera et, malgré la pesanteur de son état et ses douleurs de dos, elle tiendra jusqu'à trente-neuf semaines, terme qu'elle n'avait pas atteint pour les deux premiers enfants, et pourra accueillir avec bonheur un superbe garçon.

■ Myriam a une trentaine d'années et attend son troisième enfant. Quand je la rencontre, elle est déjà à vingt-cinq semaines de grossesse et vient de faire un séjour en clinique pour dépression grave avec idées suicidaires. Elle est habillée tout en noir, ce qui est rare chez les femmes enceintes. Ce qui domine chez elle est la culpabilité ; elle se reproche de ne pas assumer assez de choses en tant que femme (tâches ménagères, par exemple), alors qu'elle prend en charge de façon excessive les membres de sa famille d'origine. Son mari est très proche et attentif. Ce qui est particulier, c'est le lien qui existe entre sa mère, ses sœurs et elle ; on dirait une sorte de magma où tout le monde devrait être identique, où il n'existe pas d'individualité possible. Le résultat, c'est que, contrairement aux attentes idéales, elles vont toutes mal psychiquement, avec plusieurs prises en charge psychiatriques. Myriam dit qu'elle déteste être enceinte, perdre sa silhouette

et sa séduction. Ce qu'elle perd est en fait son armure, sa défense. Alors, pourquoi trois grossesses ? Parce que son idéal, c'est la famille, une famille nombreuse et unie, en l'occurrence au prix de sa santé mentale.
Nous n'aurons que trois ou quatre entretiens, pour de bonnes et de mauvaises raisons. Tout d'abord, Myriam sera hospitalisée plusieurs fois, je la verrai alors dans sa chambre. Ensuite, médecin elle-même, elle a du mal à accepter un travail avec un non-médecin. Elle privilégie l'intervention d'un confrère psychiatre et la prise de médicaments, même s'il lui est arrivé de reconnaître qu'elle aurait dû commencer ces entretiens bien plus tôt. Après la naissance, Myriam aura une rechute inquiétante, avec des idées suicidaires qui la persécutent malgré la joie de la naissance de sa fille. Elle sera prise en charge par un psychiatre.

Tous les cas de dépression pendant la grossesse ne sont pas aussi sérieux. Beaucoup se traitent bien grâce à des entretiens réguliers et une vraie prise en charge. Bien souvent ce travail permet aux femmes concernées de régler des problèmes d'enfance ou d'adolescence restés « en rade » et négligés et que la grossesse fait flamber. À ce titre, on peut dire que les femmes courent un risque de plus que les hommes qui ne connaissent pas cet épisode fragilisant qu'est la grossesse, ce qui ne les empêche pas d'être fragilisés par leur paternité. Mais cela peut être une chance de plus pour les femmes si elles ont la possibilité de faire un bout de chemin en psychothérapie et qu'un problème psychique soit réglé avant l'accueil d'un enfant. C'est une chance d'abord pour la mère qui pourra jouir sereinement de l'arrivée de son enfant, ensuite pour son enfant qui ne fera pas les frais de la dépression de sa mère. Car on sait qu'un grand nombre d'individus déprimés ont eu une mère dépressive, particulièrement au moment de leur naissance.

C'est pour cette double raison que j'attache tant

d'importance à la prise en charge psychologique des femmes enceintes et que je demande aux médecins et aux sages-femmes d'ouvrir les yeux et surtout les oreilles pour percevoir et accepter d'entendre le début d'un malaise, d'une baisse de moral à travers un discours, des pleurs, des plaintes somatiques diffuses, des problèmes de couple, toutes choses qui ont beaucoup d'importance chez les femmes suivies en maternité. L'enjeu est trop important pour qu'on puisse le négliger : le bonheur d'une femme capable d'accueillir son enfant sans arrière-pensée, l'équilibre psychique d'un enfant qui, à la naissance, se confond avec sa mère pour acquérir petit à petit son autonomie psychique, équilibre qui va lui servir d'armature pour sa vie entière ; sans oublier le couple et la famille, parties prenantes dans cette aventure inouïe qu'est une naissance.

Les bébés cigogne

Parmi les difficultés que rencontrent un certain nombre de femmes en étant enceintes, il existe une étrangeté qui, pour être très rare, n'en existe pas moins. Ce sont les grossesses ignorées par les femmes qui les portent, qui se retrouvent en train d'accoucher d'un enfant qu'elles n'ont pas eu conscience de porter.

Cela peut sembler complètement fou, et pourtant les femmes que j'ai rencontrées dans cette situation n'étaient pas débiles et n'avaient pas perdu la raison.

Il existe plusieurs hypothèses pour expliquer cette inconscience spécifique et passagère. Là comme ailleurs, il est impossible de généraliser, à moins de penser que, dans le cadre des grossesses-cauchemars ou trop lourdes à porter, il existe peut-être des grossesses impensables pour une femme donnée à un moment donné de son histoire.

Le seul point commun à ces histoires exceptionnelles, c'est qu'on trouve toujours un médecin « complice », c'est-à-dire ayant, en face de telles femmes, suffisamment perdu son savoir médical pour entériner cette ignorance et donc la cautionner.

Cela plaide en faveur d'un phénomène hystérique, selon la psychanalyse, c'est-à-dire d'un symptôme qui est donné à voir par une personne, en général de sexe féminin, et regardé par un spectateur privilégié, plutôt masculin, qui en est fasciné. Au Moyen Âge, les hystériques étaient brûlées comme sorcières car elles faisaient des crises laissant penser qu'elles étaient possédées du démon. Leurs spectateurs étaient des hommes d'Église. De nos jours, ce sont les médecins qui sont convoqués. Même s'il n'existe plus de grandes hystéries comme du temps de Freud ou de Charcot, on trouve des personnalités ayant une propension à convertir dans le corps des angoisses et des conflits psychiques, parfois de façon spectaculaire et changeante, qui mettent la médecine en difficulté et, parfois, font perdre leur latin à certains. Nous ne nous étendrons pas sur ce cas un peu trop technique pour être traité ici. Mais on ne peut le passer sous silence pour évoquer un phénomène qui concerne les femmes, où l'ignorance d'une réalité est partagée par deux personnes, l'une concernée dans son corps, l'autre dans sa science, personnes qui, en dehors de ce moment particulier, fonctionnent normalement.

■ Barbara a trente ans et, dans le passé, a eu deux grossesses qui se sont mal terminées. La première fois, elle a perdu son bébé à cinq mois et demi, d'une toxémie gravidique. La deuxième fois, la grossesse s'est arrêtée à six mois et demi pour absence de liquide amniotique. Ces deux grossesses ont été très suivies, la deuxième surtout, très médicalisée, avec de nombreuses échographies. Il faut noter que Barbara avait présenté, au début de ces deux grossesses, des symptômes importants de nausées et vomissements.

Cette femme se vivait avec une impossibilité maternelle qu'elle a ressentie comme une des causes essentielles de son divorce. Puis Barbara a rencontré un nouveau partenaire avec qui elle a vécu un certain temps. Un jour, c'est le drame, il lui annonce qu'il la quitte pour une autre. Traumatisée, elle retourne vivre chez sa mère. Elle met sur le compte de la dépression qu'elle vit une absence de règles, symptôme qu'elle a déjà connu dans le passé pendant plusieurs mois. Au bout de sept mois, elle décide tout de même de consulter un gynécologue, lui présentant les choses à sa façon mais faisant part de ses doutes. Le médecin l'examine, fait un toucher vaginal avec pression sur l'abdomen et lui déclare : « Non, vous n'êtes pas enceinte, je vais vous prescrire un médicament pour faire revenir vos règles. » Ce médecin n'a aucun doute sur son diagnostic puisqu'il ne prescrit ni dosage hormonal ni échographie.

Un mois plus tard, peut-être à cause de ce médicament, Barbara est prise de douleurs lombaires très violentes qu'elle reconnaît aussitôt : « Je suis en train d'accoucher », se dit-elle ; c'est le premier symptôme reconnu et décodé. Elle informe sa mère qui appelle le SAMU. Elle accouche à domicile et on la transporte ensuite à la maternité où je la rencontre.

Barbara affirme n'avoir eu aucun symptôme, ni nausée, ni gonflement des seins, ni ressenti aucun mouvement du bébé. Elle a pris cinq kilos en tout et pour tout. Cependant, c'est avec une certaine jubilation qu'elle souligne qu'avec les médecins et leur suivi, elle n'a eu aucun enfant vivant et que, cette fois, ayant tout ignoré, sans suivi médical, avec une seule consultation d'un médecin qui s'est trompé dans les grandes largeurs, elle a, dans le berceau à côté d'elle, un ravissant petit garçon blond, délicat, de 2 700 grammes, en parfaite santé. Quel compte règle-t-elle là avec les médecins et les hommes en général grâce à ce bébé-surprise qui semble, comme dans les histoires pour enfants, avoir été déposé par une cigogne ? La maman est heureuse mais un peu décontenancée... ce qu'on imagine sans peine.

Et que dire de ce petit Renaud et de son arrivée imprévue dans la vie? C'est comme si ce bébé avait senti que, pour arriver vivant au bout de ce chemin, il avait intérêt à se faire tout petit et à se tenir coi. Je m'adresserai donc à lui pour le féliciter de sa naissance et lui souhaiter bienvenue dans la vie, en lui disant que, maintenant, il peut s'autoriser à manifester sa présence un peu plus bruyamment.

Moins spectaculaire, cependant incroyable pour un esprit scientifique est l'histoire de Juliette.

■ Déjà mère de deux garçons de quatorze et neuf ans, Juliette ne souhaite pas d'autre enfant. Elle se trouve cependant enceinte sous pilule et fait pratiquer dans un grand hôpital de la région parisienne une I.V.G. ainsi qu'une ligature des trompes. En l'absence de retour de règles, elle consulte à nouveau le médecin qui a pratiqué les deux interventions. Il parle d'adhérences consécutives à la pose des clips. Plusieurs semaines après, toujours sans règles et ayant pris du poids, Juliette consulte un autre médecin qui prescrit une échographie. Celle-ci révèle l'incroyable : Juliette porte un fœtus de quatre mois, une fille. D'abord anéantie, Juliette décide d'accepter cette petite fille, elle qui n'a que des garçons.
C'est lors d'une hospitalisation pour une menace d'accouchement prématuré que Juliette, qui avait abusé des kilomètres en voiture et mis en péril à nouveau cette grossesse, me raconta l'histoire étrange de ce petit être qui allait naître prématurément, se demandant comment elle allait lui parler de son début d'histoire.

Certains enfants viennent au monde en dépit de tous les barrages mis à leur vie par des volontés contraires, elles-mêmes contrecarrées par les erreurs, oublis, actes manqués des protagonistes, toutes choses qui ne sont que des émanations de leurs inconscients.

La vie, on le voit, ne tient souvent qu'à un fil, dans ses débuts comme dans sa fin.

Comme nous allons le voir, pour continuer ce voyage en maternité, nombreuses sont les raisons qui peuvent fragiliser une femme pendant sa grossesse : raisons très anciennes ou plus récentes, événements actuels, tout a un retentissement plus fort sur les femmes qui portent la vie.

CHAPITRE 3

UNE FAMILLE PEUT EN CACHER UNE AUTRE

Parmi les raisons qui amènent la femme à déprimer pendant une grossesse, sa famille et plus particulièrement ses parents sont au premier plan, surtout à l'occasion du premier enfant. Les femmes enceintes rêvent beaucoup, et leurs rêves sont peuplés de leurs parents, de leurs frères et sœurs, ce qui n'a rien d'étonnant. L'enfant qui s'annonce va obligatoirement réaménager la généalogie familiale. La place qu'il va prendre va faire bouger celle des autres, chacun va avancer d'un cran sur l'échiquier de la vie : la fille et le fils vont devenir père et mère, les parents grands-parents, les frères et sœurs oncles et tantes. Les rapports entre ces différents protagonistes en seront modifiés ; chacun sera, par la force des choses, un peu plus près de sa propre mort, ce qui la plupart du temps est inconscient mais provoque justement bien des angoisses. Quant à la femme enceinte, elle va apparaître comme très ambivalente à son entourage, souhaitant en même temps qu'on la dorlote un peu plus et qu'on arrête de la traiter comme une enfant qu'elle n'est plus puisqu'elle va être mère.

Au moment de fonder à son tour sa propre famille, une femme enceinte est envahie par les réminiscences de sa propre enfance, par des conflits et même des traumatismes qu'elle a pu vivre dans sa famille d'origine. Enfouis dans son inconscient depuis toutes ces années, ils vont resurgir à la faveur de cette vie qui prend corps en elle sous forme de rêves, d'angoisses, de passages dépressifs, de somatisations.

Somatisation est un terme qui vient de *sôma* = corps, en grec. Il signifie une traduction dans le corps, sous forme de symptômes physiques ou organiques, d'un malaise ou d'un conflit psychique qui n'a pu se dire par des mots, donc se symboliser, le plus souvent parce qu'on n'en est pas conscient ou qu'il serait trop douloureux de l'exprimer, y compris à soi-même. C'est alors le corps qui parle, et s'il n'y a personne pour décoder ce langage et permettre à la souffrance de sortir par une autre voie, le symptôme peut se déplacer ou s'aggraver. Quand on dit qu'un symptôme est psychosomatique, c'est de cela que l'on parle.

Ainsi que je l'ai dit plus haut, la grossesse est une épreuve qui fait grandir une femme. Elle lui permet, si cela n'était déjà fait, de couper le cordon ombilical symbolique qui la reliait depuis l'enfance à sa famille d'origine, et plus particulièrement à sa mère. Mais ce détachement, cette maturation et cette coupure ne se passent pas sans douleur, et la douleur est déjà atténuée quand on peut l'identifier.

■ Marine est venue me voir une seule fois. En début de grossesse, elle est très mal et dit qu'elle ne supporte pas d'être enceinte. Elle n'a d'ailleurs jamais eu, dit-elle, aucun désir d'enfant et n'a gardé cette grossesse que pour son mari qui veut absolument un enfant.
Fille unique et gâtée, Marine n'a jamais souhaité de frères et sœurs et reconnaît que ses parents l'ont étouffée. Elle se dit très féminine mais déteste l'idée d'avoir bientôt ce gros ventre que d'autres femmes semblent adorer. « Cet enfant, je vais le faire à mon mari et à ma famille ; à moi, ça ne me dit rien, et je ne veux rien lire là-dessus. » Cette grossesse va interrompre sa passion,

la danse, et elle enrage à cette idée. En fin d'entretien viendra le sentiment profond : « En fait, je suis très chouchoutée par mon mari et ma famille, mais moi, je ne sais pas tellement donner de tendresse.

– Le bébé, c'est vous pour le moment, lui dis-je,

– Oui, et j'ai peur que celui qui va venir ne prenne ma place. Il va falloir que vous m'appreniez ce que c'est qu'un enfant. »

Marine se passera de mon aide et trouvera sans doute toute seule sa solution. Mais cela l'a probablement aidée de pouvoir dire sa négativité et sa peur de perdre son statut, sans être jugée.

Cette histoire brève illustre, de façon un peu caricaturale, l'ambivalence d'une femme qui va perdre sa place d'enfant pour devenir mère. La coupure du cordon ombilical est à la fois réelle et symbolique. À la naissance de l'enfant, l'accoucheur ou la sage-femme, en coupant le cordon qui relia pendant neuf mois l'enfant à sa mère, leur permet tout simplement de vivre. L'absence de coupure leur coûterait la vie à l'un et à l'autre. Pour vivre, il leur faut donc être séparés. Certaines langues sont plus évocatrices encore que la nôtre ; en espagnol, accoucher se dit « partir », verbe qui signifie au premier sens couper, séparer. Voilà qui est clair.

On ne devrait jamais oublier ce moment essentiel du début de notre vie à tous et le sens profond de cette coupure initiale. Pour pouvoir être des individus équilibrés, nous devons vivre notre vie autonomes, c'est-à-dire séparés de notre mère, autres et différents d'elle et de notre famille d'origine. Cela n'empêche pas que des liens d'affection et d'histoire commune nous y relient de façon parfaitement normale.

Cette coupure réelle à la naissance va s'opérer progressivement de façon symbolique et ce, à l'initiative de la mère. Pour le faire, il faut que celle-ci aille bien, n'ait pas besoin de cet enfant pour la réparer, ne l'utilise pas pour compenser un manque affectif. Il vaut mieux qu'elle n'en profite pas non plus pour éjecter l'homme avec qui elle l'a conçu en faisant couple avec l'enfant. Le père de l'enfant a d'ailleurs un rôle primordial à jouer dans cette séparation ; nous en reparlerons plus loin.

Quand la mère a la capacité de jouer son rôle de mère, présente, attentive, initiatrice sans être possessive, l'enfant accepte plus facilement l'autonomisation dans laquelle il trouve des bénéfices. Mais si sa mère ou ses deux parents le maintiennent dans une étroite dépendance, l'étouffent, en font leur chose, ne lui donnent ni autonomie ni confiance en lui, celui-ci en profite, même s'il en souffre, pour rester du côté enfant ou conçoit un ressentiment proche de la haine qui ne le prépare pas à devenir adulte, encore moins parent.

■ Caroline vient me voir avec une première grossesse de six mois. Elle se plaint de très fortes angoisses avec sensation de mort imminente. Elle a déjà consulté un psychiatre et pris des antidépresseurs. Mais là, elle limite ses déplacements en raison d'une grossesse délicate et préfère consulter à l'hôpital. Très vite, elle parle de ses parents, des gens terriblement angoissés et étouffants qui lui font vivre un chantage permanent : si elle les contrarie, son père menace de se suicider, sa mère d'en mourir, ayant déjà toutes les maladies possibles et prenant vingt-cinq comprimés par jour. Ils habitent l'immeuble à côté du sien, ont les clés de son appartement dans lequel ils pénètrent à toute occasion, sans prévenir ni respecter son intimité.

Sa vie est un enfer, mais elle ne fait rien pour que cela s'arrête, prétextant qu'elle craint la violence de son père. Son mari, avec qui elle s'entend bien, n'a rien pu faire non plus pour la séparer de ces parents terribles. Après une scène avec son père, elle est venue à l'hôpital pour un monitorage : on ne trouvait plus le cœur du bébé. À ce stade, l'état du fœtus est tellement lié à celui de la mère que, lorsque celle-ci est traumatisée, le rythme cardiaque du bébé peut ralentir ou s'accélérer.

Comme on le voit dans cet exemple, il est des parents qui ne peuvent qu'empêcher leurs enfants de vivre. Eux-mêmes, en effet, sont trop fragiles et sont devenus les enfants de leurs enfants, dont ils exigent une présence constante comme s'ils ne devaient jamais leur échapper. Mais il demeure une sorte de complicité passive de cette terrible emprise, l'enfant concerné (ici une future mère) ne trouvant pas l'énergie nécessaire pour couper ce lien douloureux et mortifère.

Un amour qui n'en finit pas

Les petites filles, nous le savons, ont un amour unique et très fort pour leur père qui, outre le fait qu'il est le premier homme de leur vie, le protecteur, est aussi celui dans la compagnie duquel la mère semble avoir du plaisir et celui qui lui donne des enfants. Ces bébés sont la promesse de pouvoir que la petite fille anticipe pour plus tard, en compensation de ce dont la nature semble l'avoir privée pour l'instant. En effet, elle n'a rien qui se voie, ni le pénis dont le petit garçon semble si fier, ni des seins comme sa mère, attribut visible de la féminité.

C'est donc de son père qu'elle attend en rêve des bébés. Je me souviens des mots de la fillette d'un ami à laquelle on avait expliqué le rôle du père dans la procréation. Un soir, elle frappe timidement à la porte de la chambre de ses parents et, s'adressant à son père : « Dis, Papa, s'il te reste une petite graine, tu penseras à moi ? » C'est, pour l'essentiel et du côté de la fille, le complexe d'Œdipe que Freud a découvert.

Dans la majorité des cas, les pères, aussi attendris et charmés qu'ils soient par leurs fillettes, résistent à leurs tentatives de séduction. Ils leur expliquent qu'ils sont le mari de leur maman et que, plus tard, elles trouveront à leur tour un homme de leur âge pour les aimer et leur donner des bébés. En attendant, elles peuvent symboliser par le jeu de la poupée leur désir d'enfant qu'elles garderont pour plus tard.

Hélas, nous le savons mieux aujourd'hui, certains pères détraqués et pervers ne savent pas résister aux fantasmes incestueux que leur inspirent leurs filles, parfois même très jeunes. Leur inconscience, leur absence de culpabilité les font passer du parent protecteur au parent destructeur, du père garant de la loi au criminel violeur de loi et d'enfant. Comme d'autres parents maltraitants, ils pensent que leurs enfants sont leur chose, qu'ils peuvent abuser de leur confiance et du pouvoir que leur confère la place de parent pour user d'eux comme de jouets à leur service.

Les psychologues, psychiatres et psychanalystes connaissent bien les dégâts irréversibles de tels actes sur ces enfants dont se brisent d'un coup l'enfance, la confiance dans les adultes et l'estime d'eux-mêmes, ainsi que la capacité d'aimer plus tard en associant tendresse et sexualité[1].

Toutes ces fillettes abusées n'ont pas eu la chance d'avoir, comme Peau d'Âne, une bonne fée marraine qui, telle une bonne mère protectrice, fait le nécessaire pour récupérer son homme pour elle en lui interdisant sa fille.

Certaines femmes touchées par ce drame parviennent tout de même à une vie de couple et à être un jour enceintes, et il nous arrive d'en rencontrer dont les souvenirs traumatiques remontent à la conscience à l'occasion d'une première grossesse.

Sans être touchées dans la réalité par l'inceste ou l'abus sexuel, les filles ont eu en général des sentiments amoureux pour leur père, mitigés parfois d'agressivité quand celui-ci était trop dur ou maltraitant. De ces sen-

1. Voir Laure Razon, *L'Énigme de l'inceste*, Denoël, Paris, 1996.

timents, il reste toujours des traces et, lorsque s'annonce le premier enfant, il se produit comme une confusion dans la tête d'un certain nombre de femmes, comme si cet enfant, dont elles savent bien qu'elles l'ont fait avec leur compagnon, était symboliquement l'enfant de leur père.

Certaines envisagent de lui donner son prénom ; d'autres, qui refusent de se marier, rêvent que l'enfant pourrait porter leur patronyme, c'est-à-dire celui de leur père ; d'autres encore font état de ce que leur père prend les choses en main, veut tout décider pour ce futur bébé, comme si c'était le sien, laissant de côté le vrai père. Il est aussi des pères qui ne sont pas trop contents de voir leur fille devenir mère, comme si c'était reconnaître qu'un autre homme les a supplantés.

■ Monique est enceinte de quatre mois quand elle vient me voir. Une sage-femme lui a conseillé cette démarche car elle ne la trouvait pas en bon état psychologique. La grossesse a été difficile au début, avec un décollement du placenta. On l'a arrêtée dans son travail, ce qui semble poser beaucoup de problèmes avec l'administration qui l'emploie. De plus, Monique, habituellement très active, ne sait comment s'occuper.

Deux choses se remarquent chez elle : elle est obèse et provocatrice, tente de faire rire son interlocuteur en parlant d'elle avec moquerie et dérision. Tout cela cache forcément une grande détresse.

Au bout de quelques séances apparaît le problème essentiel lorsqu'elle dit que, comme son compagnon, elle est « scotchée » à ses parents. Pourtant elle a subi l'inceste de la part de son père étant petite fille, et a déjà fait une psychothérapie pour cette raison. La famille dans son ensemble paraît assez pathologique et dans la démesure. Les drames succèdent aux sentiments excessifs, aux avalanches de cadeaux, aux disputes homériques. Beaucoup de membres de cette famille sont déséquilibrés, et elle « ramasse tout le monde ». Pour s'en sortir, elle a choisi la reconnaissance par les diplômes, et l'excès de poids et de langage la fait remarquer.

Tout ce qu'elle montre ressemble à une dépression « masquée » et, au moment d'avoir un enfant, toutes ses difficultés remontent à la surface. Cette famille haïe et adorée en même temps, elle en a besoin à l'arrière-plan ; il faut bien s'appuyer sur quelque chose. Elle porte une petite fille et connaît les dangers qui peuvent la menacer. Si elle accepte de séjourner chez ses parents, juste après la naissance, elle dit que son père (son père à elle) aura interdiction de la toucher.

On voit bien l'ambivalence chez les femmes ayant des familles incestueuses et leur besoin de se faire reconnaître par n'importe quel moyen, au prix d'une terrible dépense d'énergie.

Nous avons fait un bout de chemin ensemble jusqu'à l'accouchement. Il a semblé important de tranquilliser Monique pour lui faire prendre sa place de mère. Nous avons parlé du père de l'enfant à naître, seul capable de lui apporter un peu de paix et de sécurité, même s'il avait apparemment tendance à prendre une place très maternelle vis-à-vis du futur enfant, risquant de lui dérober la sienne.
Lorsque Clara est venue au monde, Monique était prête à l'accueillir, fière d'être la mère de cette belle petite fille et sûre de prendre ainsi dans sa famille une place respectée. Elle était reconnaissante du travail que nous avions accompli, qui était aussi son œuvre, un cadeau pour Clara.

Hormis les cas où une femme a été abusée par son propre père, un certain nombre de femmes ont, dans leur enfance, subi des attouchements de la part de personnes de leur famille ou de leur entourage. Ces souvenirs, assez bouleversants et incompris pour avoir été ensevelis dans le brouillard de leur mémoire, resurgissent souvent à l'occasion d'une grossesse. Pouvoir, à cette occasion, rencontrer une personne qui puisse entendre cette confidence et en parler, peut-être pour la première fois, permet de symboliser ce traumatisme et de le laisser repartir dans les oubliettes de l'inconscient sans qu'il revienne vous persécuter. En tout cas, cette parole libère la femme qui l'exprime et dégage le concept d'enfant et d'enfance de ce halo de confusion et de peur qui l'emprisonnait jusque-là. L'enfant porté peut alors être envisagé avec espoir et optimisme, même si tout n'a pas été guéri chez la mère qui, dans certains cas, devra refaire une démarche psychothérapique par la suite.

Mais revenons aux femmes qui ont trop aimé leur père car là, ce n'est pas tant la réalité qui est traumatique que les fantasmes ou les idées imaginaires qui lui sont attachés.

■ Marlène vient me voir, enceinte de dix semaines. Elle se dit à la fois heureuse de sa grossesse et effrayée. Heureuse, car pour elle cette grossesse est un accomplissement. Personne dans sa famille ne la croyait capable d'être mère, et puis elle vit avec un homme qu'elle aime profondément. Voilà pour le bonheur.
Mais ses peurs sont innombrables : peur de la maladie depuis toujours, et surtout une angoisse de mort permanente. Accessoirement, elle ajoute qu'elle n'a plus tellement de désir sexuel : « Comment dire... Je suis occupée. »

Elle le dit bien, en effet, et nombreuses sont les femmes enceintes qui en témoignent. Elles sont à la fois si heureuses et si totalement concentrées sur ce qui se déroule en elles, leur vie psychique est si intense que cela absorbe la totalité de leur énergie. Il n'y a plus guère de place pour une autre idée ou une autre personne, y compris pour celui qui a déposé en elles cette semence de vie.

Puis Marlène parle de son histoire et de sa famille. Elle décrit sa mère comme destructrice, ayant fait d'elle une oreille complaisante pour y déposer son insatisfaction et sa dépression. Quant à son père, aimé et haï à la fois car il était coléreux et dressait ses enfants « comme des petits chiens », il reste inaccessible et idéalisé, une mort précoce l'ayant enlevé à sa famille peu après le divorce du couple parental.

Mise à une place d'adulte par les confidences de sa mère, puis spectatrice impuissante de la douleur d'un père qu'elle découvrit fragile après avoir été terrorisée par lui, Marlène s'était réfugiée dans une attitude de petite fille sans défense. Cependant, à l'arrière-plan, on sent chez elle une détermination, une force et une certaine autorité. Mais son attitude s'explique par le fait que ses parents ont cessé d'être des parents protecteurs tout en exigeant d'elle une certaine perfection, ce qui l'a empêchée d'acquérir l'indispensable confiance en soi.

Par ailleurs Marlène, au cours du travail accompli ensemble qui dura jusqu'à l'accouchement, fera état de sa crainte, quand elle était adolescente, que son père ne l'agresse sexuellement, chose qu'il n'a jamais faite mais qu'elle a pu désirer inconsciemment tout en la redoutant. De là, peut-être, cette peur de la mort comme punition suprême d'un désir interdit, mais aussi une façon de s'identifier à ce père mort jeune, ce qui devait lui arriver aussi, pensait-elle.

Marlène s'est toujours dérobée aux demandes en mariage de son compagnon et m'avouera un jour avoir rêvé que son enfant porte son patronyme à elle, c'est-à-dire celui de son père comme je le lui ai souligné. Mais le père de l'enfant prendra bien sa place et reconnaîtra celui-ci avant même la naissance.

Contrairement à d'autres femmes, ce n'est pas parce que la grossesse la fragilisait que Marlène est venue consulter. Au contraire, cet état lui donnait une force particulière qui l'a rendue capable de faire la démarche d'une psychothérapie dont elle savait avoir besoin. En revanche, le but était le même que pour un certain nombre d'autres femmes, soucieuses d'aller bien pour que leur enfant aille bien. Avec son génie des mots, cette jeune femme a verbalisé ainsi sa démarche à l'égard de son enfant : « Je ne mettrai pas mes poids dans son sac à dos. »

Marlène deviendra de plus en plus belle et épanouie au fur et à mesure de l'avancée de cette grossesse. Ses angoisses de mort

> reviendront un peu avant l'accouchement. Il faut dire que sa propre naissance, très difficile, avait failli coûter la vie à sa mère. Et puis il fallait anticiper la perte de ce bébé qui ne serait plus *in utero*, période où elle se sentait plus forte et assurée qu'avant. Cela faisait beaucoup de deuils à faire, avec celui de son père et de la famille idéale qu'elle n'avait pas eue.
> Marlène accouchera à terme d'un superbe garçon qui la comblera de bonheur et n'aura aucune dépression en post-partum. En revanche, j'apprendrai qu'elle a difficilement vécu le sevrage et surtout la reprise du travail professionnel, première véritable séparation mère-enfant.

Ainsi, souvent, le premier enfant est l'occasion pour bien des femmes d'en finir avec ce fameux complexe d'Œdipe qu'elles n'avaient réussi à liquider ni dans l'enfance ni à l'adolescence. La première maternité vient remettre les pendules à l'heure et chacun à sa vraie place. C'est très douloureux quand il y a eu une réalité incestueuse, où l'on doit faire le travail pour deux (le père et soi-même), comme pour Monique. Mais ça peut être également très difficile quand il s'agit seulement d'un fantasme, car les fantasmes sont dans ce cas attachés à l'enfance à laquelle on ne renonce pas facilement.

Mal de mère : le poids de la mère dans la maternité

Le thème qui revient le plus souvent dans les entretiens avec les femmes enceintes est la mère et la relation qu'elles ont eues avec elle. Premier contact avec la vie, source du psychisme et de l'affectivité de chacun, la mère est, dans les fantasmes, chargée de toutes les idéalisations, de toutes les attentes et à l'origine des grands bonheurs d'enfance, mais aussi de toutes les déceptions, et objet de beaucoup de haine. Elle est aussi pour les filles, et de façon incontournable, celle par qui se fait la transmission de la maternité.

Nombre de stérilités féminines ou de grossesses qui ne parviennent pas à un enfant vivant sont en lien avec une transmission maternelle impossible, une haine trop forte de la fille envers sa mère. Beaucoup de dépressions du post-partum ont pour origine le sentiment qu'on n'est pas à la hauteur, qu'on ne sera jamais une mère aussi bien que la sienne, ou bien qu'on ne veut surtout pas être une mère comme la sienne. Et comment inventer ce qu'on n'a pas reçu ?

Il existe parallèlement, dans nos sociétés, une telle idéalisation de la mère, un tel sentiment de dette, y compris et même davantage quand cette mère n'en est pas digne, que les enfants, et surtout les filles pour lesquelles s'ajoute la rivalité, ont bien du mal à faire la part des choses et à trouver la juste place où inscrire leur propre mère.

Et même si une mère a été très satisfaisante, courageuse et admirable, ce n'est pas à elle qu'il faudra rendre le cadeau reçu mais à ses propres enfants. La vie est une ligne continue qui ne s'arrête pas et ne revient jamais en arrière. Ce qui nous a été donné, nous le transmettons à notre tour, en général dans la plus parfaite inconscience. Et c'est pourquoi la procréation échappe à toute maîtrise ; nous ne sommes qu'un maillon d'une chaîne[1].

Mais si la transmission a été malsaine d'une manière ou d'une autre, avec un manque ou un excès d'amour, par exemple, la femme qui transmet la vie à son tour peut se trouver handicapée dans ses pensées ou dans le processus vital. Elle a besoin alors qu'une personne au moins ne lui jette pas la pierre en la cri-

1. Voir Monique Bydlowski, *La Dette de vie, itinéraire psychanalytique de la maternité*, P.U.F., Paris, 1997.

tiquant ou en lui mettant une étiquette, mais lui vienne en aide.

Les femmes qui n'ont aucun problème d'aucune sorte au cours du processus maternel ont simplement plus de chance que d'autres. Ce qu'elles ont reçu était probablement suffisamment sain pour ne pas entraver leur marche vers la maternité. Mais un certain nombre d'entre elles ont, à un moment ou à un autre, besoin d'une aide pour repartir.

Dans la vie sociale, on peut faire semblant. Nombre d'individus ont une vie professionnelle brillante et réussie avec, à l'arrière-plan, une vie affective désertique ou désastreuse, ce qui est souvent ignoré. Mais dans le processus de maternité, on ne peut pas tricher. On ne peut se fabriquer un personnage social, une image brillante, on prend tous les risques. Les difficultés de transmission sont vite mises au jour, si ce n'est dans des états d'âme de dépression ou d'angoisse, au moins dans des symptômes physiologiques qui entravent ou arrêtent la marche vers la vie. Car la grossesse est un phénomène à la fois banal et exceptionnel d'inscription dans le corps d'une idée et d'un désir. C'est dans le corps d'une femme que le désir se fait chair, et on n'a jamais pu tricher avec son corps.

La mère, donc, est la terre dans laquelle la fille va planter sa future capacité à être mère pour son propre compte. Elle est le thème central des entretiens psychologiques avec les femmes enceintes. Lorsque cette relation a été déficiente ou passionnelle, peut-être est-il souhaitable que s'instaure provisoirement une relation positive à une image maternelle neutre et bienveillante qui autorise une femme à devenir mère et lui donne la confiance pour s'en trouver capable.

■ Je n'oublierai jamais ce jour de la Saint-Sylvestre où j'accompagnai Fabienne pendant son interruption de grossesse. Travaillant alors dans le service d'orthogénie d'un grand hôpi-

tal parisien, nous étions chargées à la fois de conduire les entretiens avant I.V.G. et également d'assister les femmes, qui ne bénéficiaient pas, à l'époque, d'une anesthésie générale et à qui nous servions en quelque sorte d'analgésie verbale.
À une place mi-soignante, mi-maternelle, nous leur parlions doucement, leur tenions la main, essuyions parfois la sueur ou les larmes qui affleuraient à leurs visages tourmentés et douloureux, tout en les enveloppant d'un regard contenant. Cette expérience étonnante et difficile atteignit ce jour-là son paroxysme dramatique.
Reçue quelques jours plus tôt en entretien, Fabienne m'avait parlé de sa situation et conté sa lourde histoire. Quand elle était petite fille, son père avait tué sa mère ; son frère et elle avaient été confiés à la D.A.S.S.[1] Mineure, elle était venue à l'hôpital demander une interruption volontaire de grossesse, avec l'autorisation de son tuteur. Ni matériellement ni psychologiquement, cette jeune fille n'était prête à assumer une maternité.
Or, pendant toute la durée de l'intervention, qui, bien que courte, me parut interminable, Fabienne, serrant ma main, ne cessa de sangloter en appelant : « Maman, Maman ! » Connaissant son histoire, cette invocation était insoutenable. On pouvait se demander qui était dans la circonstance mis à mort symboliquement pour Fabienne : sa promesse de vie, elle-même ou sa mère ?

Cet exemple vient illustrer une impossibilité particulière de transmission du pouvoir maternel.

■ Dans ce même lieu, je me souviens de la rencontre avec une jeune femme canadienne, venue également pour une interruption volontaire de grossesse. Bien qu'intelligente et informée, cette femme ne prenait pas de contraception car elle ne s'était jamais imaginée comme une mère possible. Enfant adoptée elle-même, elle avait cherché à savoir quelque chose de sa mère

1. Direction des Affaires sanitaires et sociales.

d'origine, ce qui est impossible au Canada. En l'absence de toute référence à cette mère biologique, elle n'avait pour seule identification que sa mère adoptive, c'est-à-dire une femme stérile. Sa grossesse prouvait qu'elle ne l'était pas, mais dans sa tête il y avait encore de l'impensable par rapport à la maternité ; la capacité maternelle n'avait pu lui être transmise par une mère ; elle refusait donc de l'envisager pour elle-même pour le moment.

En dehors de ces cas où la maternité était non pas tant impossible physiquement qu'impensable psychologiquement, essayons de voir quelles sont les figures maternelles qui rendent douloureuse ou risquée pour une femme la transmission de la vie.

La mère morte dont le deuil n'est pas fait

■ Corinne, vingt-huit ans, est enceinte de cinq mois et demi, d'un deuxième enfant conçu avec un deuxième procréateur. En début de grossesse, elle a perdu beaucoup de sang et failli faire une fausse couche à la suite d'un choc créé par son compagnon. Elle a découvert qu'il était joueur, avait dépensé tout leur argent et contracté des dettes lourdes. Elle savait peu de choses de lui et s'était jetée dans cette relation pour oublier le précédent partenaire, riche, beau, brillant et malhonnête, qui lui avait fait le premier enfant, en même temps qu'il en faisait un à une autre, pour finalement la quitter. Elle était folle de ce premier homme : « Pour lui, j'aurais vendu père et mère. » Elle est ainsi, Corinne, passionnelle et sans limite quand elle aime.

Et ces parents, justement, parlons-en. Sa mère est morte quand elle avait quatre ans. « Mon père, c'était mon dieu. » Jeune fille, elle allait en discothèque avec lui, on les prenait pour un couple. Et puis, un jour, le père se remarie ; la belle-mère, jalouse, l'accapare. C'est la fin d'un beau rêve.

En écoutant Corinne, je me demande d'où vient ce déséquilibre affectif qui la fait partir dans tous ces excès de passions et de déceptions.

Elle revient sur sa mère. Elle est morte sous ses yeux d'un arrêt cardiaque. Âgée de quatre ans, elle n'a rien compris, rien voulu ou pu comprendre. Et personne ne lui a jamais dit que sa mère était morte et qu'elle ne la reverrait plus. « C'est maintenant qu'elle me manque », dit-elle et elle pleure longuement.
C'est depuis le début de cette deuxième grossesse que son passé remonte à la conscience. Elle se sent terriblement seule, beaucoup plus que pour le premier, alors que les circonstances étaient beaucoup plus dures, et ne se trouve pas prête à assumer ce deuxième enfant.
J'écouterai Corinne pendant trois mois et, ensemble, nous tenterons de comprendre sa détresse. Corinne n'a pas fait le deuil de sa mère car on ne lui en a rien dit et parce que son imaginaire d'enfant s'est refusé à accepter cette réalité. « À chaque rentrée des classes, il fallait écrire sur la fiche : mère décédée, c'était horrible, je me sentais anormale. » Elle a un grand trou noir, un vide à la place des souvenirs de sa petite enfance.
Pour combler ce vide, sans doute a-t-elle reporté sur un homme tout l'amour qui était resté sans objet, un amour fou et absolu comme celui qu'un petit enfant peut avoir pour sa mère. De ce premier homme non plus elle n'a pas fait le deuil. Malgré toutes ses trahisons, il reste idéalisé. Fréquemment, il hante ses rêves. Ce sont de beaux rêves avec le soleil et la mer : « La mer est toujours là », insiste-t-elle. On ne saurait mieux dire. Mal de mère...
D'abord déçue de porter un deuxième garçon, car à une fille elle aurait pu donner tout ce qu'elle n'avait pas reçu de sa mère, Corinne aura hâte d'accoucher, car elle ne sait pas attendre et elle accueillera le bébé avec joie.

Comme je l'ai indiqué plus haut, le deuil est un processus qui prend du temps et de l'énergie et au cours duquel il est normal d'être triste et de pleurer, car cela montre qu'on accepte la difficile réalité et que celle-ci fait mal. Dans certains cas, la réalité est occultée, on ne pleure pas, le deuil ne se fait pas et cela peut durer des années. C'est ce qui était arrivé à Corinne, comme si sa mère venait de mourir, non pas vingt-quatre ans plus tôt, mais au moment de cette deuxième grossesse, quand elle est venue m'en parler.

La mère déprimée, ombre noire pour l'enfant

Un jour, une collègue à qui je parlais de mon travail à la maternité me dit : « C'est bien ce que tu fais là, c'est si important. » Et elle me confie que, lors de la naissance de son fils, elle-même était gravement déprimée et qu'elle aurait bien aimé être aidée, mais il n'y avait personne. Et elle ajoute, faisant un lien saisissant : « Mon fils, à vingt ans, s'est suicidé. » Voilà un exemple vécu de ce qui peut arriver, mais il n'est pas systématique, heureusement. Je ne le cite que parce que cette mère l'a ainsi interprété pour elle-même. Mais nous savons que cet état de fait est parmi les pires qui peuvent arriver à un enfant et dont nous constatons bien plus tard les dégâts : je veux parler de la dépression maternelle.

Expliquons-nous : une mère en état de dépression lorsque son enfant vient au monde, soit elle ne peut s'en occuper car elle est trop atteinte, voire hospitalisée, soit elle s'en occupe tant bien que mal, faisant les gestes de façon mécanique mais avec l'esprit ailleurs. Peut-être pense-t-elle à un proche parent perdu – qui pourrait d'ailleurs être l'enfant précédent ? Ou alors elle est plongée dans une tristesse intérieure, une mélancolie ou même seulement dans une inappétence pour les choses de la vie dont le bébé fait partie.

À cette période clé de l'existence, les premières semaines de vie, le psychisme de l'enfant se constitue sur celui de la mère. Il se nourrit de sa voix, de son odeur, du toucher de ses gestes, toutes choses qui sont imprégnées de l'état d'esprit de la mère, tranquille ou agité, dynamique ou lent. Sa volonté de vivre l'a fait naître mais doit être grandement soutenue par le désir maternel, ou quand celui-ci fait défaut, par le désir paternel, celui-ci étant de toute façon important mais pas aussi indispensable.

Il arrive aussi que le commencement de cette vie se passe bien et que la dépression de la mère survienne plus tard, à l'occasion d'un deuil, d'un divorce ou d'un autre événement. Après avoir investi normalement son enfant, la mère devient soudain absente à lui. L'enfant ne pouvant comprendre le changement d'attitude risque d'être culpabilisé et souvent handicapé dans sa vie en général par cette double empreinte, ses entreprises étant souvent vouées à l'échec. Ce sont les thérapies avec des adultes qui nous font comprendre ce phénomène.

Les femmes que nous écoutons au moment d'une grossesse n'ont pas de souvenirs conscients de leur toute petite enfance. Elles évoquent souvent en revanche, pour nombre d'entre elles, une enfance et une adolescence assombries par des mères déprimées, plaintives, souvent couchées, plus souvent encore accoutumées à de nombreuses substances psychotropes.

Il se trouve, de plus, que ce sont presque toujours les filles, dans une famille, qui se trouvent mises à la place d'oreille complaisante, de soignante de leur mère, dans un rôle ainsi inversé. Elles n'ont par conséquent pas eu droit à une enfance insouciante, à une adolescence mouvementée, à une vie adulte sereine, avec un exemple positif à suivre pour devenir mères elles-mêmes.

Marie, la jeune femme dont j'ai raconté l'histoire dans l'introduction de cet ouvrage, est tout à fait représentative de ce sentiment d'abandon des jeunes femmes qui ont toujours dû occuper une place d'adulte avant l'âge, et se trouvent désemparées au moment d'être réellement mères.

■ Marie avait eu une mère gravement dépressive et suicidaire, incapable de prendre soin convenablement de ses enfants puisque c'étaient eux qui appelaient l'hôpital lors de ses tentatives de suicide. Petite, il lui fallait toujours bien travailler à l'école et ne pas faire de bruit pour ménager Maman qui ne pouvait rien supporter. Celle-ci n'était pas une mère protectrice pour ses enfants et, pendant des années, ils avaient été confiés à leur grand-mère maternelle, femme solide, probablement un peu virile et pas tendre mais qui avait servi de repère pour ces enfants. Grâce à elle, ils avaient pu se structurer en grandissant, mais avec des manques affectifs importants.

■ Une mère dépressive était également à l'origine du problème de Marlène, dont j'ai parlé à propos de l'amour excessif pour le père. Elle avait le sentiment d'avoir traîné sa mère dépressive qui se confiait à elle, insatisfaite sur le plan conjugal.

Les dépressions maternelles dont les filles ont fait les frais sont fréquemment assorties à (voire déclenchées par) des problèmes de couple qui mettent ces filles dans la situation impossible d'avoir à écouter leur mère se plaignant de leur père. Si elles ont accepté plus ou moins consciemment d'être cette oreille complaisante, un jour vient où elles se révoltent violemment, avec le sentiment d'avoir raté la rencontre avec leur père. Cette révolte peut survenir à l'occasion du divorce des parents, de la mort du père, très souvent à l'approche d'une maternité pour elles.

■ Je rencontre Sylvie à l'occasion de son hospitalisation pour une pathologie du rythme cardiaque du bébé qu'elle porte. Recevant un médicament destiné à ralentir le cœur du bébé et qui ralentit aussi le sien, Sylvie a des malaises. Cette nuit, elle a cru mourir. Il est vrai qu'elle présente de façon récurrente l'idée qu'un des deux doit mourir : « Il me tue, mais je l'ai rendu malade », comme si la faute dont elle se culpabilise devait se payer du prix de sa propre vie.

Sylvie a connaissance du fait qu'étant bébé, elle-même a failli mourir d'une anorexie, n'ayant pas supporté le sevrage. Cette indication est importante, elle signifie que le bébé qu'elle était

alors n'a pu supporter la première séparation d'avec sa mère que représente le sevrage, probablement parce que sa mère elle-même ne la supportait pas.
L'épisode que représente l'accélération cardiaque du bébé rappelle à Sylvie que, d'après le récit de sa mère, elle-même, *in utero* en présentation céphalique, s'était retournée en siège à la suite d'un choc subi par sa mère à l'occasion d'une crise de violence du père à l'égard d'un tiers.
Notre deuxième entretien porte sur le rôle du père, celui de son enfant. Il ne vit pas avec elle et a du mal à se détacher de sa propre mère. À la suite de cet entretien, elle décide de lui demander de venir de sa province pour être sur place au moment de la naissance du bébé. Elle accepte ainsi de n'être pas seule face à son enfant, de faire place au père. Elle lui permet également de choisir un prénom masculin dans le cas où ce serait un garçon.
Le cœur du bébé se ralentit...
La fois suivante, Sylvie m'informe que sa mère, déprimée et alcoolique, lui parle quotidiennement plus d'une demi-heure au téléphone de ses problèmes de couple et qu'elle ne parvient pas à l'arrêter. Cela nous permet de faire le lien avec les battements cardiaques du bébé, si difficiles à ralentir. Il faut arrêter cette mère qui, dans son inconscience et sa pathologie, détruit sa fille au moment où elle a le plus besoin de sérénité. Mais Sylvie y parviendra-t-elle ?
Après quatre entretiens, Sylvie put sortir de l'hôpital. Je ne la revis pas car elle alla se faire suivre ailleurs, en province je crois, pour se rapprocher du père de l'enfant, et peut-être s'éloigner de sa mère.

On voit bien dans cette histoire la difficulté pour une fille de se détacher de sa mère quand celle-ci l'abreuve de ses confidences négatives et qu'il n'y a pas de père à sa vraie place pour séparer les deux protagonistes.

Ceci nous amène au troisième cas de figure du mal de mère.

La mère fusionnelle

Pour la fille comme pour le garçon, la mère est le premier objet d'amour, et elle le reste. Même si la fille se tourne un jour vers son père, puis vers un autre homme, le lien premier avec la mère demeure, parfois excessivement fort, ce qui ligote une femme pour ses relations amoureuses et pour son accès à la maternité.

Quand le lien reste fusionnel, c'est-à-dire, au sens propre, porteur de destructivité, il peut prendre divers aspects.

L'un de ces aspects peut passer inaperçu puisqu'il se dissimule derrière un phénomène de société et se travestit en modernité positive : c'est la mère-copine.

Elles font tout ensemble, les magasins et la gymnastique, se prêtent leurs vêtements, parlent des hommes avec complaisance et un peu de mépris. Quand vient pour la fille le temps de la maternité, la confusion est à son comble. Bien sûr, les mères veulent réparer peut-être la relation distante et même mauvaise qu'elles ont eue avec leur propre mère en « réussissant », croient-elles, la relation avec leur fille. Mais celles-ci ont beaucoup à craindre de ce copinage, surtout pour leur identité. Comme on va le voir, la confusion des places dans une famille est source de malaises et de dysfonctionnements mentaux.

■ Dominique, trente-huit ans, enceinte de son premier enfant, vient me voir sur les conseils de la diététicienne qui, après lui avoir indiqué ce qu'il était bon de manger ou pas en cours de grossesse, a compris que le problème était ailleurs.

Dominique est boulimique depuis le début de sa grossesse, après avoir fait une dépression l'année précédente. Elle mange tout, surtout les gâteaux. Elle mange aussi ses ongles...

Elle dit, dès le premier entretien, que sa mère vient sans cesse chez elle remplir son réfrigérateur. Elle dit aussi que son compa-

gnon déteste les gens gros. En mangeant, elle répond donc au désir de sa mère contre celui de l'homme qui partage sa vie.
D'emblée, elle aborde ses relations particulières à sa mère en les qualifiant d'extraordinaires : « Elle a pour moi un amour débordant. Je l'appelle, elle arrive. Nous formons un couple où c'est moi qui domine. »
Elle décrit en revanche son compagnon comme très autoritaire et plutôt macho. La grossesse, c'est surtout lui qui la souhaitait, mais c'est sa mère qui psychologiquement la porte, prépare le trousseau du bébé et apporte un jour à la maison un berceau, ce qui mettra en fureur le futur père.
J'entends dans ses propos beaucoup de confusion et, contrairement à ce qu'elle croit, elle ne domine pas. Le pouvoir se partage entre sa mère et son compagnon, qui s'opposent, et elle, passive, se contente de se remplir de nourriture et de devenir énorme, tout en s'angoissant. On se demande qui va être la mère de ce futur bébé.
Enfant préféré de sa mère, car fruit du grand amour de sa vie, Dominique n'a pas de considération pour son père « social », qu'elle qualifie d'inexistant. Elle est le reste idéalisé d'un amour disparu que sa mère a reporté sur elle. Cette femme, par ailleurs intelligente, cultivée et professionnellement brillante, se comporte dans la vie privée comme un bébé tout-puissant qui refuse le sevrage.
Le travail que nous ferons ensemble lui permettra de prendre conscience de sa passivité et de l'urgence pour elle d'acquérir une identité et de devenir la mère de son enfant, ce qu'elle ne revendiquait pas. Entre la relation béate avec sa mère, dont elle dit « nous sommes des copies conformes », et la relation très conflictuelle avec un compagnon qu'elle s'est choisi bien « existant », Dominique n'était pas prête, au début de nos entretiens, pour la vraie rencontre avec l'autre que constitue la maternité.
En fin de grossesse, Dominique me dira que, pour elle, rien dans ce processus n'avait été facile ni agréable. Elle qui n'avait jamais joué à la poupée, n'avait rien trouvé d'exceptionnel à cet état « où l'on attrape des caries, des cheveux blancs, des jambes gonflées et des kilos ». À ma grande surprise, elle dira que la seule

chose enrichissante aura été nos entretiens sans lesquels elle n'aurait jamais pu remettre en question ses relations familiales. Elle avait tout simplement grandi.
À la naissance de son fils, à nouveau, Dominique dira qu'elle n'ose pas prendre son fils dans les bras quand elle le souhaite parce qu'une infirmière de nuit lui a dit que cela lui donnerait de mauvaises habitudes. Et, de nouveau, je lui demanderai pourquoi elle ne s'autorise pas à être mère comme elle le sent.

Toutes les relations fusionnelles mère-fille ne se passent pas dans cette apparente béatitude, sous la forme d'un copinage niant la différence des générations et handicapant les autres relations. Il est des mères qui manifestent un peu plus bruyamment leurs liens pathologiques à leurs enfants. Il est des enfants, des filles surtout, qui s'en aperçoivent un jour, en conçoivent une haine féroce, aussi forte que l'amour, et tentent de se « désengluer » de la solide toile d'araignée si bien conçue pour les garder.

■ Michèle, trente-trois ans, demande à me rencontrer à dix semaines de grossesse. Après une fausse couche l'année précédente et un décollement du placenta dans cette nouvelle grossesse, Michèle craint qu'une partie d'elle, inconsciente, ne puisse rejeter le bébé qu'elle porte et le mettre à mal. C'est pour empêcher cette mise à mort involontaire qu'elle consulte. Il est rare que les demandes qui me sont adressées soient aussi précises et lucides, même si les femmes sont intuitivement très conscientes de leur pouvoir sur le fœtus qu'elles portent. Michèle a déjà accompli un travail analytique sur elle-même qui lui a fait prendre conscience d'un certain nombre de difficultés. Certaines ont été résolues mais, au moment de devenir mère, le noyau dur se réveille et il faut l'affronter.
Le discernement du problème est rapide. Michèle évoque son « envahissante mère » et le conflit larvé qu'elle entretient avec elle. Elle se plaint de ne pas exister en tant que personne pour sa mère qui l'appelle « mon bébé » et ne semble pas s'aperce-

voir qu'elle est devenue une femme avec une personnalité propre. Elle feint également de ne pas voir la fureur que cette négation provoque chez sa fille et fait comme si tout allait bien entre elles.

Ce genre de mère niant que leurs enfants puissent être autre chose qu'une partie d'elles-mêmes, je les appelle les « mères-photocopieuses ».

Michèle n'a pas de mots assez durs pour qualifier sa mère. C'est « un vampire », elle n'a jamais été femme, n'a été que mère, captatrice ; elle boit trop, mange trop, se néglige, elle est grosse, il ne faut surtout pas lui ressembler.
Voit-elle que, derrière la sévérité de son jugement, se tapit un lien qui n'arrive pas à se rompre ? Michèle s'est mariée à l'église pour satisfaire sa mère, elle lui téléphone souvent pour s'inquiéter de sa santé. Bref, elle n'ose pas ne pas l'aimer et la craint. Elle craint son pouvoir captateur et anéantissant. Mais on n'est anéantie que si on le veut bien, et les autres n'ont de pouvoir sur nous que celui qu'on leur laisse prendre. Il est vrai que, si la mère ne coupe pas le cordon, la fille doit le faire seule, ce qui demande beaucoup d'énergie et nécessite parfois l'appel à l'agressivité.
Après avoir accompli le dur travail de construire son identité de personne et de femme, malgré sa mère et sa famille, Michèle se trouve maintenant à la croisée des chemins. Pour devenir mère, il faut bien s'identifier *a minima* à sa mère. En même temps, il s'agit de couper le lien trop fort si cela n'a été fait auparavant. C'est la quadrature du cercle pour un certain nombre de femmes.
Michèle fait un beau et difficile travail jusqu'à la date de l'accouchement. Elle se pose les vraies questions. Elle se demande si elle aura assez d'amour pour son homme et pour son enfant, car elle a la volonté de rester femme tout en étant mère.
Le placenta se recolle, ce qui rassure Michèle sur sa capacité à donner la vie.
Et puis, deux mois plus tard, une rechute survient à l'annonce

du sexe de l'enfant : c'est une fille, et Michèle ne le supporte pas. Ses angoisses remontent à la surface ; elle est submergée par l'idée de la pathologie familiale où, de génération en génération, les femmes, telles des mantes religieuses, méprisent et rejettent les hommes décrits comme égoïstes ou impuissants. Avoir une fille, c'est se retrouver dans une relation mère-fille en sens inverse ; elle craint de répéter ce dont elle a souffert. La lucidité peut être source de souffrance, on le voit ici, mais elle permet aussi de trouver le remède pour ne pas entrer dans cette infernale répétition des généalogies.
Michèle a un grand amour et un grand respect pour son mari. Elle se différencie donc des femmes de sa famille. Mais elle a encore des difficultés avec la féminité ; elle se demande ce que c'est qu'être une fille alors qu'un garçon a tout. Je l'interroge alors sur la différence entre avoir et être.
Au fil des séances, Michèle accepte sa fille, plus difficilement en revanche l'arrondissement de son corps. Plus cérébrale qu'animale, elle est peu à l'aise avec le corps et la sensualité. Elle se met à acheter des vêtements de fille pour le bébé qui s'annonce et y prend du plaisir. Mais elle fait des cauchemars et craint toujours le pouvoir de malédiction de sa mère sur l'enfant, ce qui la conduit à interdire à sa famille les visites à la maternité.
N'ayant pas réussi à me faire prévenir de son accouchement, Michèle trouvera le moyen de me joindre pour m'en faire part et me dire sa joie. Elle prendra rendez-vous pour me présenter sa fille et présenter à celle-ci la personne avec qui, pendant sept mois, elle avait préparé sa venue. Ce fut un moment émouvant et une satisfaction partagée d'avoir réussi ensemble à faire d'elle une mère digne de ce nom et heureuse de l'être.

Le cas de Michèle, assez intelligente et lucide pour identifier son problème, assez déterminée et courageuse pour le surmonter, est symptomatique des raisons pour lesquelles les femmes enceintes viennent consulter un psychanalyste. Dans un très grand nombre de cas, la mère est le point central du problème invoqué.

En donnant les premiers soins à son enfant-fille, la

mère pose sur elle comme une empreinte symbolique qui la rendra capable, et se sachant capable, d'être mère à son tour. Cela, on le sait, comme toujours, grâce à la pathologie, c'est-à-dire par le biais des cas où la future mère ne parvient pas à mettre au monde un enfant vivant, ou s'en croit incapable.

Dans certains cas, il n'y a même plus d'ambivalence vis-à-vis de la mère ; l'amour ou la demande d'amour semble s'être définitivement retourné en haine féroce, en rejet violent, réponse en général à une violence ou à un abandon maternel.

■ Claude attend son deuxième enfant, et c'est à cette occasion qu'elle me conte sa difficulté à être mère concrètement puisqu'elle a mis huit ans pour avoir son premier enfant, après deux grossesses extra-utérines et quatre fausses couches. Elle me parle aussi de sa lutte pour surmonter la violence maternelle.
Sa mère, l'ayant eue très jeune (fille-mère, comme on dit), lui a dit plus tard : « Tu as gâché ma vie, mais j'aurai ma revanche, je gâcherai la tienne », et elle a bien failli réussir, la brimant sans cesse par des violences verbales et psychologiques et tentant plus tard de casser son couple.
Claude, après un épisode particulièrement traumatisant, avait décidé de couper les ponts définitivement.

■ Louisa est venue dans une grande détresse. À huit mois et demi de grossesse, une mort *in utero* brutale l'a privée de ses petites jumelles. Le choc est d'autant plus grand que Louisa avait vécu sa grossesse dans une euphorie excessive, presque anormale puisqu'elle la privait de sommeil et décuplait son activité de façon incroyable.

Ainsi que je l'ai remarqué, un certain nombre de ces grossesses finissent par une menace d'accouchement prématuré et une hospitalisation, qui obligent la femme concernée à prendre enfin du repos et sauvent ainsi le bébé porté.

Ce qui est particulier ici, c'est que Louisa finit par parler de sa mère qui avait abandonné le domicile conjugal lorsqu'elle avait quatre ans. Elle la retrouva à l'adolescence, mais apprit alors que sa mère, quand elle la portait, avait essayé d'avorter. Ce genre d'annonce constitue une très grande violence pour un individu.

Pour couronner le tout, au début de cette grossesse, sa mère lui avait dit : « Tu as intérêt à avoir un garçon. » C'est alors qu'elle apprit qu'elle portait deux filles. Louisa vivait donc la mort de ses enfants comme l'aboutissement d'une malédiction maternelle et ne voulait plus ni voir ni entendre sa mère.

Comme on le voit, le poids de la mère est un paramètre incontournable pour la fille qui aborde la maternité. Léger et contenant, il l'accompagne avec bonheur sur la route maternelle. Pesant, sombre, fusionnel ou haineux, il handicape son processus, déprime ses grossesses et peut même interrompre le processus vital qui tente de s'instaurer. À moins que la femme ne fasse appel à une personne capable de l'aider à mettre fin au fantasme de mauvaise mère qui sommeille en elle.

CHAPITRE 4

COUPLE ET MATERNITÉ

« Lorsque l'enfant paraît, le cercle de famille
Applaudit à grands cris. »

Victor Hugo

L'arrivée d'un enfant est en même temps un bonheur et un grand bouleversement. Il réaménage les places familiales de façon à la fois imperceptible et radicale, et cette petite vie qui pointe son nez rapproche tous ceux qui sont déjà là de leur propre mort en les faisant avancer d'une case sur l'échiquier de la vie. Cela est rarement conscient mais n'en a pas moins des effets parfois surprenants.

Les plus concernés par cette promesse de vie sont évidemment le père et la mère qui, de nos jours, ont presque toujours souhaité, ou au moins laissé venir, la grossesse. Mais savent-ils pour autant ce qui les attend ?

L'enfant est d'abord un fantasme dans l'esprit de ses parents, un rêve même, une prolongation de soi et, pour les plus sentimentaux, un symbole de l'amour qui les unit. Il est censé cimenter la famille ; de fait, il la constitue. Avant l'arrivée de l'enfant, il y a un couple ; avec l'enfant, cela devient une famille, et le couple perd alors sa dualité.

De deux, on devient trois, c'est déjà un groupe ; et cela suppose qu'on vive autrement. Déjà, pour faire un couple, il a fallu grignoter un peu de son Moi afin d'établir et de consolider cette entité qu'est le couple. Mais quand arrive ce troisième personnage, le bébé, quel chamboulement dans la vie d'avant ! Et comme sa petitesse est inversement proportionnelle à l'envahissante place qu'il va occuper, les deux premiers vont devoir abandonner bien des avantages pour lui ménager cette place nécessaire.

En résumé, l'enfant sépare un couple bien plus qu'il ne l'unit, surtout au début, ce qui n'est pas forcément négatif. Mais il vaut mieux le savoir avant pour ne pas prendre cette évidence de plein fouet, car alors soit le couple, soit l'enfant en fait les frais.

De la fragilité masculine

Devenir père n'est pas une mince affaire. Même si l'on reste mince, justement parce qu'en tant qu'homme rien ne change physiquement, la totalité de ce devenir se passe donc dans la tête, sans le support corporel, ce qui peut être plus compliqué. Car les hommes aussi ont une histoire, et cette histoire les prépare ou les handicape pour l'étape paternelle, suivant ce qui leur a été donné à vivre.

■ Un jour, une jeune femme vient me voir pour une demande d'I.V.G. Elle est totalement désemparée. Jeune mariée, elle découvre sa grossesse et l'annonce à son mari. Le lendemain, il disparaît sans laisser de traces. Je lui demande ce qu'elle sait de l'histoire de son mari. « Pas grand-chose, dit-elle, on ne parlait pas de cela », ce qui en dit long sur la communication dans les couples. Mais elle ajoute que, le cherchant, elle est allée voir sa belle-mère qui ne savait pas davantage où il se trouvait. Celle-ci fut d'autant plus choquée de cette disparition qu'elle aussi avait été quittée par son compagnon lorsqu'elle était enceinte de son enfant, celui qui venait de disparaître. Son fils n'avait donc pu que répéter la fuite de son père, qui avait dû tant lui manquer, incapable à son tour d'assumer une paternité.

Avec ce fragment d'histoire, j'ai pu donner à cette jeune femme un sens à la fuite de son mari qui avait agi impulsivement, d'une manière probablement inconsciente.

■ Mireille demande à me rencontrer à la maternité. Elle est enceinte de son troisième enfant, au septième mois. Sa grossesse a été un cauchemar. Au départ, son compagnon n'en voulait pas mais il a finalement refusé l'I.V.G. Ensuite on a eu des inquiétudes sur la normalité du fœtus : amniocentèse, caryotype, sept semaines dans l'attente des résultats d'examens pour une mère privée d'appétit et de sommeil. Elle se plaint : « Cet enfant a failli être tué deux fois. » Son mari dit qu'elle ne pourra pas s'en occuper car c'est « un enfant sans besoin », originalité langagière pour dire qu'il n'a pas été souhaité par lui. J'interroge alors cette femme sur l'histoire de son mari. Elle m'apprend qu'il est le quatrième enfant de sa fratrie, n'a pas été désiré et, enfant très prématuré de 800 grammes, il est resté si longtemps en couveuse (six mois) qu'après sa mère n'était plus capable de s'en occuper. « Il est né sans besoin, lui aussi », ajoute-t-elle.

Je comprends que cet homme a assimilé inconsciemment sa propre histoire à l'histoire de ce bébé attendu là, qui est aussi le quatrième enfant de la famille. En effet, la mère a fait une fausse couche après les deux premiers. Il est donc sûr, dans son fantasme, qu'un quatrième enfant ne peut être désiré et aimé, et il le refuse comme « un enfant sans besoin ».

Les choses s'éclaircissent alors pour cette femme très fine. Elle comprend que c'est à elle d'aider son mari, homme simple et sincère, à accepter cette naissance qu'elle-même désire et de lui prouver qu'elle va pouvoir s'occuper de cet enfant dont il pourra alors être le père.

Ces deux exemples montrent que l'histoire vécue par un homme peut, à son insu, se projeter sur l'enfant qui s'annonce et créer des drames, des fuites ou des malentendus, seulement parce qu'il n'y a pas eu prise de conscience.

Il n'existe pas à la maternité une consultation psychologique pour les futurs pères et, si elle existe pour les futures mères, c'est dans le cadre d'une prise en charge médicale. Comme les femmes portent l'enfant physiquement, on pense qu'elles peuvent avoir besoin d'un soutien psychologique. Mais pour les hommes qui ne les portent que dans leur tête, il n'existe rien, sauf peut-être, dans certains lieux, des groupes de parole. La question est : s'il existait une consultation pour les hommes, y viendraient-ils ? On sait que la nature masculine est beaucoup moins portée à l'expression des sentiments et des émotions, et que c'est probablement la cause d'une plus grande fragilité. Quand on ne parle pas, on pose des actes impulsifs ou on tombe malade. Toutes les femmes font état, pour s'en plaindre ou non, de cette absence de parole, de cette plus grande intériorisation de la part de leurs hommes.

Même si les hommes sont absents physiquement des entretiens psychologiques en maternité (un certain nombre cependant sont dans la salle d'attente), il n'est pas question de les oublier. Ils sont les auteurs de cette vie qui s'annonce. La plupart du temps, ils forment un couple avec la femme que nous écoutons. Il est donc primordial de les convier symboliquement dans ce lieu et, si les femmes n'en parlent pas, ce qui est rare, je les interroge sur l'homme de leur vie.

Mais il arrive que l'homme soit justement au centre de ces entretiens.

Quand l'homme prend la fuite

Il arrive qu'à l'annonce de la grossesse, l'homme concerné ait une réaction de dérobade : soit il quitte la femme enceinte, soit il lui demande d'interrompre la grossesse. Quelles que soient les raisons de cette réaction brutale, souvent liées à l'histoire ou à la structure de cet homme (certains ont même demandé cette grossesse), il nous appartient de voir ici ce que cela provoque chez les femmes et comment elles peuvent y faire face.

■ Danièle vient me voir en fin de grossesse. Elle a trente ans et s'est trouvée enceinte d'un homme avec qui elle a entretenu longtemps des relations amicales, devenues récemment plus amoureuses. La grossesse a été une surprise, mais elle en fut enchantée. De son ami, en revanche, plus de nouvelles après cette annonce. Elle a donc porté ce bébé toute seule sans rien lui demander et, malgré tout, dans une certaine euphorie. Ne se reposant guère, elle s'est trouvée hospitalisée avec une menace d'accouchement prématuré et a pris conscience que ce bébé était une personne et qu'« il lui faisait signe ». Elle s'apprête à partir accoucher en province où ses parents sont agriculteurs, mais se sent soudain un peu perdue et déprimée.
J'interroge Danièle pour savoir pourquoi elle prend ainsi tout sur elle et ne demande rien. Si elle ne le fait pas pour elle, elle doit à son enfant une chance d'avoir un père et, avant de quitter Paris, il est souhaitable qu'elle sache si l'homme qui lui a fait cet enfant souhaite le reconnaître.
Elle revient pour un deuxième entretien, transformée et reconnaissante. Elle a appelé son ami et ils ont dîné au restaurant. Il se demandait ce qu'on pensait de lui dans sa famille à elle, car il est étranger, d'Europe de l'Est. Elle a répondu que c'était ce qu'elle pensait, elle, qui comptait. Bien sûr, il allait reconnaître l'enfant et il a tenté d'imaginer avec elle comment ils allaient pouvoir garder l'enfant à tour de rôle pendant les heures de travail de l'un et de l'autre.
Danièle a réfléchi à sa propension à ne rien demander à un homme. Quand elle était enfant, un jour elle a dit à son père qu'elle l'aimait en lui mettant les bras autour du cou. Pour toute réponse, il l'avait repoussée, comme il repoussait sa mère.

■ Noémie est enceinte d'un peu plus de quatre mois. Elle a déjà fait une I.V.G. à la demande de son ami. Cette fois, ils étaient d'accord pour la grossesse, mais, à son annonce, il ne l'a pas supporté et a décidé que c'était une erreur. La vie est devenue infernale pour elle, et elle est partie. Il s'est aussitôt marié avec une autre femme qu'il venait de rencontrer mais souhaite reconnaître l'enfant que porte Noémie.

Les pensées et les rêves de Noémie sont pleins de haine et de violence pour cet homme déséquilibré et pervers qui détruit sa vie. On peut se demander, bien sûr, pourquoi elle avait choisi un tel homme. Elle est fragile, elle aussi, a déjà fait des tentatives de suicide et craint de récidiver. Alors elle demande de l'aide. Heureusement, elle est très entourée par sa famille et désire vraiment l'enfant qu'elle porte.

Ce temps de grossesse sera une épreuve permanente sur le plan relationnel. Car, pour l'ami de Noémie, la relation est un jeu qui n'est là que pour lui prouver son pouvoir sur l'autre qui n'existe pas en tant que sujet. Elle croit parfois l'aimer encore et tombe dans les pièges de séduction qu'il ne lui tend que pour mieux la rejeter ensuite.

Pourtant, à la naissance de sa fille, Noémie trouve naturellement les gestes maternels et ressent un grand bonheur dont elle parle avec des mots justes et touchants. Elle élèvera son enfant seule, avec des difficultés comme celles d'un divorce, car le père, ayant reconnu l'enfant par anticipation, exigera des droits de visite et fera mille tracasseries à Noémie. Dans cette histoire-là, pas de malentendu, mais un homme irrécupérable.

Les hommes que la grossesse fait « disjoncter »

Certaines femmes ont un langage imagé pour stigmatiser une sorte de folie qui s'empare de leur mari lorsqu'elles sont enceintes : « Il a pété les plombs. » La symbolique électrique est ici bien éclairante, si j'ose dire. Quand les plombs sautent dans une maison, c'est parce que la demande en énergie est supérieure à la puissance disponible. C'est sans doute ce qui arrive à certains hommes à l'annonce d'une nouvelle descendance ; ils ne peuvent assumer ce que cette perspective fait vibrer dans leur psychisme.

■ Lucienne, trente-quatre ans, est enceinte de vingt-trois semaines d'un troisième enfant. Son mari lui a demandé cet enfant, et elle a accepté, le désirant aussi. Or, depuis un mois, elle sait que son mari a une liaison et que sa maîtresse est enceinte, elle aussi. La situation est insupportable et elle ne comprend pas.
Il semblerait qu'à l'idée que sa femme soit enceinte, il ait eu besoin qu'il se passe quelque chose pour lui. Il ne s'attendait pas à ce que sa maîtresse soit enceinte elle aussi, mais qui sait si ces grossesses simultanées ne lui donnent pas un sentiment de puissance particulier ?
En attendant, Lucienne a besoin de parler et d'être soutenue. Elle est très mal mais elle a du ressort et n'a pas l'intention de se laisser maltraiter. Elle se dit fragilisée psychologiquement, elle qui est forte d'habitude.
Petit à petit, Lucienne reprend le dessus. Son mari devient plus attentionné. Mais elle s'agace un peu de ce que sa fille de dix ans soit devenue collante depuis que le père s'est éloigné, comme pour se glisser dans une place vacante en attendant que le bébé ne vienne occuper cette place.
À huit mois de grossesse, Lucienne commencera à acheter des vêtements pour le bébé, tandis que son mari, lui jurant qu'elle est la seule femme qui compte, se mettra à la couvrir de cadeaux…
Présent et heureux à l'accouchement, n'avait-il été que la victime d'un court-circuit ? On peut l'espérer pour ce couple qui, jusqu'alors, avait fonctionné dans l'équilibre.

■ Valérie, trente-huit ans, attend depuis sept mois son quatrième enfant. Elle exerce une profession à responsabilités, est assez débordée. Mais ce qui l'amène, ce sont ses problèmes de couple. Depuis le début de cette grossesse que son mari lui a instamment demandée, il se montre odieux et excessif, l'agresse sans cesse verbalement ou se montre glacial. Il est visiblement perturbé car il perd du poids et fume sans arrêt. Elle est une femme très sensible qui a un extrême besoin d'affection ; elle se sent persécutée par l'attitude de son mari. Les séances se passeront dans un déluge de larmes.

À l'écouter, on perçoit que ce couple s'est construit et fonctionne sur un très grand besoin de pouvoir de l'un et de l'autre. Les deux l'exercent dans leur profession, mais cela ne suffit pas. D'après ce que j'en comprends, à ses yeux à lui elle détient le pouvoir maternel et, même s'il a voulu ce quatrième enfant, c'est elle qui le porte, et il est probable qu'il se sent menacé par cette femme belle, intelligente, plus brillante que lui, qui de plus mène toute la maisonnée, reçoit les amis et sait se faire aimer.

Il y a pourtant une faille chez Valérie. Cinq ans plus tôt, elle a fait un épisode dépressif dans un difficile passage professionnel, et un autre également bien avant, au moment du divorce de ses parents. Lui n'a pas supporté qu'elle ait une faiblesse qui puisse faire écho à la sienne. Il se joue dans le moment de cette grossesse une lutte de pouvoir qu'elle vit comme une infernale persécution. Elle n'a pas vu venir ou compris l'amour-propre de son mari, mis à mal par une grossesse qu'il vit comme une toute-puissance féminine insupportable. Est-il utile d'ajouter que cet homme a une mère abusive et très présente dans la vie du couple ? Sa névrose et sa méfiance envers la femme-mère s'expliquent davantage.

Valérie parle beaucoup de sa fatigue, et elle anticipe avec appréhension « l'épuisement du post-partum » car il s'agira d'une quatrième césarienne. Et pourtant elle a voulu ce quatrième enfant, et elle parle de l'allaiter malgré sa fatigue en disant avec des airs gourmands : « C'est sans doute la dernière fois que je peux m'offrir ça. » Cette femme veut tout et, si possible, ne renoncer à rien ; pourtant elle le paie très cher et toute la famille aussi. Son fils aîné a eu cette phrase terrible : « Le bébé a foutu la merde », ce qui n'est pas seulement une rancœur de jaloux.

Revue après la naissance de Martha, belle petite fille brune, Valérie aura cette réflexion très dépressive : « Je crois que ce quatrième enfant a été une erreur. » Je me suis demandé ce que serait l'avenir de cette petite fille sur laquelle pesait l'hypothèque d'un couple déchiré, d'une famille blessée, de tant de mots négatifs à son sujet. On ne peut qu'espérer que les blessures se seront cicatrisées devant son charme qui a fait l'unanimité, et qu'elles ne lui seront pas imputées afin qu'elle ait une vraie place pour inventer sa vie.

QUAND LE PÈRE EST L'HOMME D'UNE AUTRE

Il est des femmes qui ne revendiquent rien pour elles-mêmes, en particulier l'homme qu'elles aiment. Plusieurs explications se trouvent dans ces comportements. Soit ce sont des personnes qui ne s'autorisent rien, n'ont pas de place pour exister, soit il s'agit de femmes à la personnalité trop fragile pour supporter en continu la présence de l'autre et donc la vie de couple. La liaison avec un homme marié les arrange, finalement, car elle représente un compromis avec leur capacité relationnelle. Soit encore, et cela est rarement reconnu, les femmes concernées veulent des enfants mais pas d'homme. Elles s'arrangent plus ou moins consciemment pour se retrouver dans la situation d'élever leur enfant seule avec, suivant le cas, un père assurant des moments de présence à l'enfant, un simple donneur de nom ou un homme totalement écarté.

■ Catherine est à vingt-sept semaines de grossesse quand je la rencontre. Elle s'excuse de pleurer en disant que la grossesse la rend très émotive. Mais il est difficile de n'être pas accablée de vivre une grossesse seule, plus un déménagement, plus une période de chômage terminée trois mois plus tôt.

Son histoire est très particulière. Elle n'a aimé qu'un seul homme depuis une quinzaine d'années, n'a jamais voulu l'épouser mais l'a aimé et suivi dans tous les aléas de sa vie de couple à lui. Dans quelques jours, elle assistera à son deuxième mariage alors qu'elle porte un enfant de lui dans le plus grand secret. Comment ne pas pleurer ?

Les réticences de Catherine à propos du mariage lui viennent du couple de ses parents, un couple infernal où le père était un homme battu. Peut-être a-t-elle inconsciemment craint de devenir une mégère comme sa mère ; elle a donc protégé l'homme qu'elle aime en restant seulement la femme aimante et consolatrice. Mais, elle-même, personne ne la protège et, en voulant éviter les disputes et les conflits, Catherine s'apprête à mettre au monde un enfant qui ne devra pas connaître l'identité de son père et donc la sienne, tout en le connaissant en tant qu'homme. Le père sachant qu'il s'agit de son fils, on se demande combien de temps ce secret pourra être gardé et quels en seront les dégâts psychiques pour cet enfant. Car les secrets de famille sont des poisons pour les enfants et les adultes qu'ils deviennent. Tout individu a un droit imprescriptible à connaître ses origines afin de bâtir sa vie sur un socle solide et non sur le flou du mensonge et du non-dit.

Catherine, femme forte et fragile, conduisait sa vie comme elle pouvait et n'avait pas encore pris la mesure des conséquences de cette vie pour son enfant.

■ Adeline vient me voir à trois mois de grossesse avec une demande spécifique. Il s'agit de la suivre pendant sa grossesse, car le psychiatre qu'elle voit habituellement est trop loin de chez elle. Cette démarche montre que la relation ne doit pas être très bonne avec ce psychiatre. En effet, ce genre de démarche suppose un « accrochage » avec le thérapeute, qui met au deuxième plan les conditions matérielles. On sent d'ailleurs une crainte de la relation trop proche, une mise à distance. Elle n'acceptera les séances qu'une fois par mois.

D'emblée Adeline dit que cette grossesse n'a pas été souhaitée. La relation sexuelle non plus puisque, dit-elle, elle a « été abusée, ce qui est pire qu'un viol ». C'est-à-dire que l'homme avec qui elle avait une relation amicale, car il est marié, a abusé d'elle dans un moment de faiblesse. Elle a eu peur aussi.

Adeline a une façon d'être au monde totalement persécutée. Cela lui vient de son enfance. Issue d'une famille très nombreuse d'outre-mer, elle dit que les enfants étaient considérés comme des esclaves et qu'elle était maltraitée aussi par ses frères et sœurs. Privée d'éducation et de scolarité, Adeline, à force de volonté, parviendra à s'installer en métropole, à suivre des cours du soir, à passer des concours et devenir fonctionnaire. Plusieurs dépressions graves la firent hospitaliser en service psychiatrique, puis en maison de repos. Ensuite elle continua un suivi psychiatrique et parvint à se constituer une vie convenable, totalement solitaire mais acceptable ainsi par elle.

Comment se vivait Adeline dans cette maternité commençante ? Tout d'abord ses convictions religieuses lui interdisaient l'avortement demandé par le responsable de cette grossesse. Par ailleurs, elle reconnaissait avoir toujours eu un désir d'enfant, tout en excluant la présence d'un homme dans sa vie. On pouvait penser, en l'écoutant, que ce viol avait constitué la seule occasion pour cette femme de devenir mère, ce qui est tout de même effrayant.

D'autre part, à qui cette femme pouvait-elle s'identifier, avec l'idée ancrée en elle que sa mère avait failli la tuer plusieurs fois ? Quel serait l'avenir de cet enfant sans père, élevé dans un total isolement, à qui elle prétendait suffire ? Cela, elle ne voulait pas l'entendre, disant qu'on élève mieux un enfant toute seule, c'est-à-dire sans contradicteur, ce qui est un abus de pouvoir. D'autre part, privé de parole sur son père, l'enfant peut imaginer qu'il est le fruit d'une « immaculée conception » ou d'une mère toute-puissante, ce qui n'est pas conforme à la réalité et peut le faire délirer.

Ce qui fut positif, dans cette thérapie, fut le changement radical qui s'opéra chez Adeline après deux séances. Ce qu'elle n'avait pu faire pour elle seule, elle le fit dans la perspective de l'enfant : ne plus se laisser faire et se défendre des autres, réclamer l'argent prêté, répondre aux paroles blessantes. Elle s'isolait des autres parce qu'elle ne leur posait pas de limites et en était donc persécutée.

On ne peut savoir si ce changement a été durable ni si cet enfant

attendu comme « une compagnie » a pu trouver pour lui une place de sujet. Mais le moment le plus touchant de nos rencontres fut la période des six mois de grossesse. Quand les autres femmes achètent des vêtements pour le bébé à venir, Adeline acheta des livres. Des livres, parce que c'est ce dont elle-même avait le plus cruellement manqué et parce que c'est « par les livres qu'on devient quelqu'un ».
Étant donné ses antécédents et sa fragilité, je lui donnai, à sa sortie de la maternité, l'adresse d'une association destinée aux parents qui se sentent en danger de devenir maltraitants[1]. Soucieuse de se faire aider, si nécessaire, Adeline l'a très bien accepté.

Dans cet exemple comme dans le précédent, on voit bien que les personnes en grande difficulté parviennent, dans le meilleur des cas, à faire des compromis entre leurs conflits internes et la réalité extérieure. Mais si les compromis sont acceptables pour elles, il est moins certain et sûrement pas souhaitable que les enfants qui leur viennent s'inscrivent dans les fantasmes de leur mère seule. Uniques interlocutrices, elles ne leur donnent pas la chance de se confronter à un autre, de l'autre sexe, le père ou un substitut.

Ce que vivent les couples pendant la grossesse

Passé le moment d'émotion forte où un couple prend conscience du fait de sa procréation et où cela se passe bien pour eux, ce qu'ils vont vivre l'un et l'autre pendant cette période va être tout à fait différent. Déjà en temps ordinaire, la vie psychique d'un homme et celle d'une femme n'ont pas grand-chose à voir, et cette dif-

1. Alesia 14 (tél. 01 43 20 65 63), service anonyme et gratuit, relations parents-enfants.

férence fondamentale fait à la fois les affres et les délices de cette relation.

Dans le processus qui prépare une femme à sa maternité, les changements sont tels, ils bouleversent tellement la physiologie et la psychologie, donc le comportement d'une femme, qu'elle-même est prise d'une inquiétante étrangeté devant sa propre image physique et mentale. On peut donc imaginer ce que ces transformations produisent chez l'homme qui partage sa vie, en plus du fait qu'il doit se faire à l'idée d'être père.

Un grand nombre de femmes sont fragilisées par l'état de grossesse. Elles ont des malaises, des nausées, des faiblesses, des envies, des crises de larmes ou des insomnies. Elles sont gorgées d'hormones, ce qui explique une partie de cet état, le reste pouvant être imputé à la culture familiale et sociale. Elles ne peuvent plus nier leur appartenance féminine, même si auparavant elles vivaient comme des hommes. Ces fragilités de la femme enceinte sont connues depuis la nuit des temps. Elles suscitaient autrefois désir de protection et respect. Aujourd'hui, la plupart des femmes travaillent dans le stress ; on leur dit que la grossesse n'est pas une maladie, et il est exceptionnel qu'on leur cède une place assise dans les transports en commun. Les hommes de leur vie sont surpris par leur désir de régression. Car c'est d'eux qu'elles attendent écoute et aide matérielle, alors qu'à une époque antérieure et actuellement dans d'autres cultures, africaine par exemple, c'étaient les autres femmes, mère, belle-mère, amies, voisines, qui venaient entourer la femme enceinte, la décharger des tâches pénibles afin qu'elle se consacre à sa grossesse et ne la mette pas en péril.

Les hommes, donc, sont appelés à l'aide et beaucoup y répondent positivement sur le plan matériel. Ils font les tâches fatigantes, accompagnent leur femme aux rendez-vous médicaux et, à leur façon, préparent l'arrivée de l'enfant en aménageant, bricolant, tapissant la chambre du bébé et parfois même toute la maison. Ils ont ainsi le sentiment d'avoir largement rempli leur rôle. Mais les hommes sont beaucoup plus doués pour faire et entreprendre que pour écouter. Certaines femmes ont du mal à accepter cet état de fait, et la majorité d'entre elles se rapprochent alors de leur mère pour parler de tout ce qu'elles ressentent.

Sur un plan plus intime, la grossesse produit également des modifications importantes sur la vie sexuelle des couples concernés, et cela n'est pas le seul fait des femmes.

Beaucoup de femmes font état d'un repliement sur soi pendant la grossesse, comme le disait Marlène dont j'ai parlé plus haut : « J'étais occupée. » Un intense travail intérieur les absorbe totalement, effaçant pour un temps le reste du monde et mettant un peu à distance leur compagnon. Certaines vont même jusqu'à évoquer un sentiment de toute-puissance et de comblement qui se verbalise ainsi après coup : « Je n'avais plus besoin de personne. » Ce vécu à la fois replié et comblé se traduit par une inappétence sexuelle que les hommes acceptent mieux que d'habitude, mettant cet état sur le compte des bizarreries de leur femme pendant la grossesse qui n'affectent pas trop leur amour-propre viril, même si elles limitent l'expression de leur désir.

Mais il arrive aussi, plus souvent qu'on ne le croit, que ce soit l'érotisme masculin qui soit affecté pendant le temps où la femme est enceinte. Des hommes éprouvent une gêne, un rejet de ce corps qui devient maternel, y compris en début de grossesse, alors que le corps féminin est encore peu déformé. Il s'agit probablement d'un fantasme d'ordre incestueux. Je m'en explique : l'interdit universel « Tu ne coucheras pas avec ta mère » devient un tabou associé à toute femme qui devient mère ; elle devient intouchable. Et pour peu que l'homme concerné ait des problèmes non réglés avec sa propre mère, il peut à cause de cela rejeter sa femme, future mère, ainsi que nous l'avons vu précédemment. Le tabou peut aussi s'étendre à l'enfant porté et, même si cela prête à sourire, certains hommes craignent que le futur bébé n'assiste aux ébats de ses parents, ce qui ne serait pas convenable. Il est évident que la chambre des plaisirs est bien séparée du lieu où se constitue l'enfant. Mais qu'importe ? Les fantasmes n'ont que faire de la science et de la physiologie. Tout ce que ressentent les hommes, comme les femmes, face à la maternité, touche au plus intime et au plus profond d'eux-mêmes et, à ce titre, mérite le respect.

Il est seulement souhaitable que les couples aient suffisamment d'échanges sur ce qu'ils ressentent qui, bien que très différent, n'en est pas moins partageable. Il n'est pas interdit d'inventer de nouvelles façons de faire l'amour pendant les grossesses, surtout en fin de parcours. Et si cela est encore trop pour certains, il est des échanges de caresses, de mots et de tendresse qui sont riches et bienfaisants pour les couples. Car il est un point commun entre les hommes et les femmes : ils ont besoin d'attention et d'amour et ont horreur d'être oubliés.

De nos jours, hommes et femmes font beaucoup plus de choses ensemble, leurs vies sont moins compartimentées et cela peut faire oublier leurs différences. Elles demeurent cependant. Par exemple, à l'échographie, l'homme découvre par la vision ce que la femme ressent déjà par un toucher interne. Les hommes sont visuels, ils adorent les échographies car ils perçoivent une réalité qui n'était jusqu'alors qu'abstraction. Ils repartent avec la photo dans leur portefeuille, déjà fiers de leur capacité reproductrice mise en image. Les femmes, qui ont déjà toutes les autres sensations, sont heureuses d'avoir pu partager cet espoir avec le père de l'enfant, mais pour elles l'échographie est vécue comme un verdict sur le bon état de l'enfant porté. Angoissées avant, soulagées après si tout va bien, elles le vivent peu comme un moment poétique, leur imagination étant bien plus douée pour cela. L'exception existe pourtant quand elles ont affaire à un échographiste aux qualités humaines particulières, capable de créer là un grand moment presque lyrique pour le couple en présence.

L'ACCOUCHEMENT, AFFAIRE MÉDICALE OU AFFAIRE DE FAMILLE ?

Pendant très longtemps, l'accouchement fut une affaire de femmes. Les mères, amies ou voisines, puis les matrones, enfin les sages-femmes étaient seules admises auprès des parturientes. Anciennement, on appelait parfois le mari pour sa force physique, afin de tirer l'enfant hors de l'utérus maternel quand l'accouchement était difficile. Mais les débuts de l'ère chrétienne marquent le recul de la médecine par un grand nombre d'interdits, dont celui de toucher le corps. Aucun homme n'eût été admis dans la chambre d'une accouchée. L'un d'eux, médecin à Hambourg, désireux d'assister à un accouchement, eut l'idée de se déguiser en femme. Démasqué par une sage-femme, il fut condamné et exécuté… Cela se passait au XVIe siècle.

Depuis, au siècle des Lumières, les hommes sont devenus accoucheurs, enseignés par les femmes dont la célèbre Mme Du Coudray qui fut la première, en France, à répandre l'enseignement de l'obstétrique. L'instrumentalisation, apanage des hommes, fit son entrée dans les salles d'accouchement, en même temps qu'apparaissaient la pensée et la science démographiques, prélude à une médecine sociale et à une politique nataliste. Les hommes s'intéressent à une profession qui se valorise à partir du milieu du XVIIIe siècle environ. Leur mainmise sur le corps des femmes en couches se justifie par une baisse de la mortalité des femmes et des enfants à la naissance. Une nouvelle vision du monde se fait jour, ainsi que l'écrit un historien spécialisé[1] : « Désir d'avoir des enfants, non plus simplement pour assurer la permanence du cycle vital, mais pour les aimer et en être aimé, réaliser le couple sans être obsédé par la perpétuation de l'espèce. »

Tous ces changements et l'entrée des hommes médecins dans les chambres d'accouchées, puis de nos jours dans les salles de travail, ont modifié le statut de la naissance qui est devenu davantage un acte médical qu'un acte social. Et les pères, dans tout cela ? Très longtemps écartés par les médecins qui ne voulaient pas de non-médecins auprès d'eux pour un acte qu'ils jugeaient médical, ils ont été poussés, semble-t-il par les femmes, à venir assister à la naissance de leurs enfants. Il est probable que, dans le contexte de surmédicalisation, les patientes se sentant de plus en plus seules, les mères et amies ayant disparu de l'environnement obstétrical, ont souhaité avoir auprès d'elles un soutien affectif, un familier. Et le père de l'enfant, responsable avec elles de cette vie nouvelle, leur a semblé le meilleur partenaire. Beaucoup d'entre eux le réclamaient aussi, ne se contentant plus de faire les cent pas dans le couloir et souhaitant, par leur présence, être inclus dans ce moment fondamental de la vie d'un couple. Après tout, puisque ce lieu n'était plus réservé aux femmes...

Le fait sociologique est que la présence des pères en salle d'accouchement, après avoir été une tolérance, est devenue un fait accompli, puis une mode et, par un glissement psychologique, est aujourd'hui ressenti par les pères comme un passage obligé. Il est étrange de

1. Jacques Gélis, *La Sage-Femme ou le médecin*, Fayard, Paris, 1988.

constater qu'il faut sans cesse restituer aux individus l'exercice de leur liberté. Chacun est pris dans le réseau des idéologies dominantes, et il faut beaucoup d'indépendance d'esprit et de force de caractère pour savoir ce qu'on veut vraiment pour soi et imposer son comportement face aux autres. Ce qui est courant et permis est-il pour autant souhaitable pour tous ?

Il faut tout d'abord déterminer ses priorités pour choisir le lieu de son accouchement. Si le risque vital est perçu comme l'élément le plus important, il est logique de choisir un hôpital de pointe. Si l'aspect convivial est préféré, on trouvera une plus petite unité, hospitalière ou non, où les sages-femmes sont formées à la sophrologie ou à l'haptonomie[1], où les femmes peuvent déambuler ou rester dans un bain pendant le travail. Les pères trouvent là plus facilement une place active où ils se sentent un peu utiles. L'accouchement peut y être vécu dans une ambiance plus familiale.

Le choix n'est pas vraiment si grand que cela, car, pour réserver sa place dans un lieu d'accouchement, il faut s'y prendre tôt, à quelques jours de retard des règles, et rares sont les femmes qui ont la chance de connaître la spécificité de chaque lieu sans l'avoir essayé.

La plupart choisissent donc, en connaissance de cause ou non, le grand hôpital aux techniques de pointe où est privilégiée la sécurité médicale maximale, mais où les choix sont moins grands et la discipline plus stricte. Là, si les pères sont admis en salle de naissance, ils n'ont qu'une place passive et ne sont pas sollicités. Ils sont même écartés dès qu'un problème se présente, forceps ou césarienne ou même pose de péridurale.

Dans ces circonstances, et de toute façon pour un couple, se pose la question de la place du père à la nais-

1. Technique de palper du ventre qui permet d'entrer en communication tactile avec le fœtus.

sance. Dans les entretiens avec les femmes pendant leur grossesse vient toujours, avec l'approche de l'accouchement, le moment où cette question est évoquée. Il est alors nécessaire de soutenir à la fois le désir des femmes d'avoir auprès d'elles leur compagnon et jusqu'à quand, et aussi le désir des hommes de voir ce qu'ils souhaitent voir et de ne pas voir ce qu'ils craignent de ne pas supporter, ce qui peut d'ailleurs évoluer au cours de l'accouchement. Parfois ils sont d'accord entre eux et trouvent un compromis. Il arrive que ce soit plus difficile.

■ Liza est hospitalisée par sécurité pour une grossesse triple, suite à une insémination artificielle avec le mari comme donneur. Elle va bien mais a envie de parler. Les entretiens tournent toujours autour de la sexualité qui semble à la fois importante et problématique. Elle a été « initiée » sexuellement par son père qu'elle a beaucoup aimé et aime encore, ce qui lui rend difficile une vie sexuelle sereine et fait d'elle une femme acceptant difficilement les limites. Je devrai recadrer les relations thérapeutiques qu'elle tentait de déborder par des indiscrétions à mon égard.
À l'approche de l'accouchement, elle fait part de ses angoisses de mort, mais aussi de sa crainte que son mari ne voie son sexe béant. Il souhaite en effet voir les bébés sortir de face et, devant son refus à elle, l'accuse de vouloir accaparer les enfants pour elle seule. Cet adepte de la transparence (« si on se trompe, on se raconte tout ») est à l'évidence pervers comme l'était le père. Devant la détresse de cette femme, qui me semble justifiée, j'en parle à l'obstétricien qui la suit. Il comprend bien ce qui se joue. Il s'arrangera pour éloigner le père au moment de la naissance, afin qu'il reste à côté de sa femme, ce qui est bien plus sain et de toute façon plus simple, étant donné le nombre de médecins et pédiatres présents lors d'un accouchement triple.

Même si les hommes sont visuels, ils ne sont pas tous voyeurs. Mais cela arrive, et certains ajoutent à leur regard une caméra qui ne respecte pas toujours la décence et la pudeur de leur femme. Cela risque de se retourner contre eux par la suite. Après l'accouchement, des hommes ont parfois des problèmes d'impuissance ou un rejet de leur femme, hantés par des images difficiles, bien éloignées de l'image érotisée qu'ils avaient auparavant de leur partenaire.

Ce problème de la place de l'homme est évoqué par presque toutes les femmes et déborde symboliquement le fait réel de la présence du père. Il met en jeu la question de la place de chacun dans la vie : prendre sa place, rester à sa place, ne pas prendre celle de quelqu'un d'autre, etc. À une époque très pauvre en repères, il y a une demande des femmes d'être guidées sur ce qu'il est bien de faire, pour elles, pour leur mari, pour leur couple.

La plupart d'entre elles souhaitent la présence du père, surtout pendant le travail. Au moment précis de la naissance, il y a un surcroît de stress chez la femme, chez les soignants ; le père n'est plus très utile, il ne sait plus où se mettre car les salles sont souvent petites. Enfin, plus d'hommes qu'on ne le pense ont une sensibilité qui leur rend difficilement supportable la vue du sang, du bébé gluant, du visage déformé et en sueur de leur femme ou même de l'expression de sa douleur. Il n'y a pas de honte à cela et beaucoup l'anticipent sans oser le manifester. Il est aussi des femmes qui souhaitent rester seules avec le corps médical et ne revoir leur mari que lorsqu'elles ont retrouvé leurs esprits et une apparence plus sereine. Il semble que, bien souvent, il soit besoin d'une parole autorisante pour faire ce qu'on désire, car chacun est unique. Et si des couples plus fusionnels souhaitent rester ensemble et tout partager de cette naissance, quand il n'y a pas de complication, ils peuvent tout à fait le faire. L'essentiel est que chacun se sente libre et non contraint dans ce qu'il décide de vivre.

Il faut ajouter qu'un accouchement ne se passe pas toujours comme on l'avait rêvé. Rien de ce qui est humain n'est idéal, et une naissance est un événement fort d'une grande beauté symbolique mais d'une réalité parfois difficile à voir et à vivre. Cela doit être anticipé pour n'être pas trop déçu, culpabilisé ou révolté.

Lorsque l'enfant paraît, le couple disparaît-il ?

C'est peut-être après la naissance que la différence est la plus grande entre le vécu des hommes et celui des femmes.

Sur le plan de son image, de son narcissisme, l'homme nouvellement père est au sommet de son bien-être. Il peut annoncer sa paternité à tous avec une fierté légitime. On le félicite, ses parents le regardent autrement. Il voit là la fin d'une période difficile où il était souvent sollicité pour s'occuper de sa femme, plus fragile et handicapée par son gros ventre, plus très accessible sexuellement. Il se dit qu'il va y gagner, retrouver une femme redevenue comme avant et avoir un enfant en plus. Il est à cent lieues de se douter de ce que vit la femme en question.

La femme qui vient d'accoucher est d'abord sous le choc. Accoucher est une épreuve physique comparable à celle des jeux olympiques, et une épreuve psychologique indicible. En admettant que ce soit un bonheur, il faut savoir qu'un grand bonheur peut être aussi traumatique qu'un malheur. La femme découvre tout. Ce petit être vagissant qu'elle croyait connaître en le portant en elle est en fait un parfait étranger, aussi surprenant pour elle que pour tous les autres. Elle a à l'adopter, et cela ne se fait pas forcément tout de suite. Il peut lui sembler tout à fait étranger à elle, et même lui faire peur.

À moins que l'accouchement n'ait été parfait, elle risque de souffrir d'une épisiotomie ou d'une cicatrice de césarienne, auquel cas elle est d'ailleurs perfusée. Certaines ont même des crises hémorroïdaires qui les empêchent de s'asseoir ailleurs que sur des bouées de natation. Elle se regarde et s'aperçoit qu'elle n'a pas perdu ce gros ventre d'avant ; son image en prend un coup. En plus, elle est sollicitée par des quantités de gens, du corps médical, de l'état civil, de la famille et des amis, sans oublier le photographe. Elle comprend vite qu'elle ne va plus être entourée comme elle l'a été pendant neuf mois et qu'il n'y en a que pour le bébé. En résumé, du jour au lendemain, on attend d'elle qu'elle assure, comme on dit aujourd'hui. En deux jours elle doit apprendre à manipuler ce bébé, à lui faire sa toilette, soigner son cordon ombilical, à l'allaiter si elle l'a choisi – ce qui n'est pas toujours simple et souvent douloureux –, à doser les biberons, comprendre les rots et les régurgitations, à supporter ses pleurs jour et nuit puisqu'il ne fait pas la distinction.

Plus ou moins douée pour tous ces apprentissages et plutôt débordée, il n'est pas question pour la femme nouvellement mère de penser à elle. Mais elle n'est pas non plus dans les conditions optimales pour être attentive à l'homme de sa vie et les roucoulements à deux sont remis à une date ultérieure.

À nouveau sollicités pour aider leur femme totalement accaparée par ce bébé dont ils comprennent vite que la petitesse est immense, les hommes, même s'ils ont décidé d'être très vite des pères, se sentent relégués aux oubliettes en tant qu'hommes. Or leur patience a des limites, et les problèmes de couple risquent d'apparaître, de façon rampante parfois, mais de s'installer assez pour qu'ils soient l'objet essentiel des entretiens avec les femmes enceintes du deuxième enfant, par exemple.

■ Ariane est une femme moderne de trente-cinq ans. Elle exerce une profession qui la passionne à un niveau hiérarchique élevé. Mais elle n'envisage pas la vie sans enfant. Dans la culture familiale, il est clair que l'enfant a une place primordiale, de façon excessive sans doute puisqu'elle me confie que, depuis la naissance du premier, c'est-à-dire depuis dix-huit mois, son mari et elle ont une vie de couple inexistante. Pas tout à fait inexistante cependant, puisqu'ils en ont conçu un deuxième assez vite et que c'est cette deuxième grossesse qui la met en état de stress tel qu'elle déprime et somatise. Je la verrai soit en rendez-vous externe, soit, le plus souvent, à la maternité, hospitalisée à trois reprises pour menace d'accouchement prématuré.
Ariane est atteinte du « complexe de la citrouille » ; elle déteste être enceinte, surtout parce que cela limite son activité. Elle se sent enfermée, prisonnière de ce corps maternel. Et, bien sûr, plus on stresse, plus on contracte, plus on se retrouve limitée dans sa liberté par un corps perfusé sur un lit d'hôpital. C'est le serpent qui se mord la queue, et il est très difficile de sortir de ce cercle infernal, même si les médicaments perfusés sont assez efficaces. En effet, comment dire à une femme : « Soyez détendue et vous aurez moins de contractions » ? L'effet de la parole adressée à un professionnel des sentiments humains a cependant son efficacité par l'extériorisation et la symbolisation de l'angoisse. J'y ajoute parfois la participation d'une collègue relaxologue qui prépare les femmes à l'accouchement, et l'apprentissage de la détente musculaire et mentale est également efficace.
Pour Ariane, le problème est aussi celui d'un certain nombre de femmes modernes. Elle veut se réaliser professionnellement, totalement, comme un homme peut le faire, mais elle veut aussi être une mère. Et elle n'a pas envisagé, comme d'autres le font, de mettre sa vie professionnelle entre parenthèses, le temps des maternités. Elle aurait voulu obtenir une promotion professionnelle qu'elle méritait, tout en faisant deux enfants en deux ans. C'est la quadrature du cercle, mais Ariane ne décolère pas d'avoir vu la promotion convoitée lui échapper.
Comme le dit un vieux proverbe plein de sagesse, « Qui trop

embrasse, mal étreint ». Il semble que ce soit surtout le couple qui ait fait les frais de ce désir d'Ariane d'avoir tout en même temps. Car le mari s'est comporté comme un mari moderne et même un peu plus. Il a pris en charge énormément de tâches, elle le reconnaît, bien qu'elle l'agresse continuellement. Car ils ont vécu comme s'il n'y avait plus que cet enfant qui comptait, en dehors de la vie professionnelle, se privant de toute sortie à deux, de tout moment ensemble, alors qu'ils en avaient la possibilité grâce à une famille très aidante. Le résultat est qu'ils se disputent sans cesse, frustrés l'un comme l'autre de ne pouvoir vivre comme avant, même s'ils en rajoutent en ne se séparant pas un instant de leur enfant. Cet enfant, il préférerait sûrement avoir des parents détendus et joyeux, quitte à passer quelques soirées chez sa grand-mère.

Un enfant bouleverse et révolutionne totalement la vie d'un couple, cela est indéniable. Mais, passé les trois ou les six premiers mois, il est indispensable pour un couple de s'organiser pour se retrouver à deux de temps en temps, pour parler d'eux et de leur vie.

Il est étonnant de rencontrer tant de gens intelligents, efficaces et gestionnaires dans leur vie professionnelle, allant de réunions en *brain storming*, qui, pour leur vie privée, n'ont pas l'idée de s'asseoir autour d'une table pour se parler, définir les tâches et les priorités de leur vie de famille et se donner des objectifs, en tenant compte aussi de leurs désirs respectifs.

Le deuxième enfant qui arrive trop vite après le premier est symptomatique de difficultés dans le couple bien plus que d'une vie sexuelle exubérante. Il survient chez les femmes débordées par l'arrivée du premier enfant, stressées et si peu préoccupées par leur vie de couple qu'elles n'ont même pas pensé à reprendre la pilule ou l'ont oubliée. Car la prise de pilule chez une femme est corrélative du désir d'une vie sexuelle régulière.

■ Madeleine est enceinte de six mois de son deuxième enfant. Elle arrive, très accablée, car c'est lourd de porter un enfant seule. « Le père n'en veut pas, mais moi, je n'ai pas voulu avorter », dit-elle en pleurant. Le premier enfant a seize mois, et ce n'était pas voulu que d'en avoir un deuxième si vite. « Avant, j'avais un stérilet ; depuis la naissance du premier, j'utilisais une contraception locale que j'ai oubliée une fois. »

Cet exemple permet de mesurer le chemin parcouru dans les relations homme-femme. Avant la contraception, c'étaient les hommes qui avaient le pouvoir sur la procréation, les femmes subissaient. On est aujourd'hui parvenus à l'autre extrême ; ce sont les femmes et elles seules qui assument la contraception et, lorsqu'elles font une erreur, elles en portent toute la responsabilité. Mais c'est aussi elles et elles seules qui, en dernier ressort, décident ou non de garder cette grossesse ou de l'interrompre. C'est un poids très lourd, mais c'est aussi un pouvoir.

Madeleine a fait une I.V.G. il y a sept ans, et son compagnon ne l'a pas acceptée. Est-ce par vengeance que, pour cette nouvelle grossesse, il lui a demandé d'avorter ? Quoi qu'il en soit, elle a eu le dernier mot à chaque fois. Mais elle le paie cher car ils ne se parlent plus.
Madeleine a du mal à faire la démarche de s'adresser à un psychologue. Elle se demande si elle va revenir : « Je ne suis pas folle », dit-elle en pleurant. Je lui fais seulement remarquer qu'elle n'est pas figée dans un moment difficile et que ce travail possible s'appuie sur sa capacité d'évolution. Elle accepte de revenir et je la verrai jusqu'à son accouchement, à l'issue duquel elle m'enverra un faire-part accompagné de mots de gratitude très touchants.
Madeleine est amoureuse de l'homme qu'elle a choisi mais ne l'accepte pas totalement ; elle refuse sa famille et son manque d'éducation. Il n'est pas un homme facile mais elle non plus n'est pas facile. Bien que très fine et sensible, elle a des idées très

arrêtées sur beaucoup de sujets et se reconnaît volontiers agressive. Au fil des entretiens, Madeleine deviendra plus calme et sereine. Avant l'accouchement, le père se montre curieux de connaître le bébé et prend des vacances pour être disponible. Insensiblement, grâce à l'évolution de sa compagne, il s'est fait à l'idée de cet enfant et l'accepte. Ils vont pouvoir vivre ensemble cette nouvelle aventure.

De même que l'arrivée du premier enfant bouleverse un couple, qui va devoir repenser ses relations et son organisation en fonction de ce troisième personnage, la venue du deuxième rend obligatoire un réaménagement du trio, couple et premier enfant. Le deuxième enfant signe pour beaucoup la véritable constitution d'une famille. Il y aura les parents et les enfants. Le premier enfant va devoir accomplir la douloureuse acceptation de cet usurpateur qu'il souhaite et redoute à la fois. Celui-ci va occuper la place privilégiée qui était la sienne auprès de sa mère, surtout, mais il présente l'avantage d'être un compagnon de jeu. Quelle déception, à la naissance, de le découvrir si petit ! Pour jouer, il va falloir attendre. Mais c'est rassurant aussi ; ce n'est pas tout de suite qu'il va me prendre mes jouets, et je lui suis nettement supérieur.

Pour la mère, c'est peut-être le deuxième enfant qui va lui permettre d'accomplir la coupure nécessaire d'avec le premier, si cela n'a pas été fait avant grâce à l'intervention du père.

Car c'est là le rôle essentiel du père. Devant cette fusion qui commence à la naissance, tout à fait normale durant les premières semaines, car prolongation de la vie utérine, le père doit prendre une place qui n'est pas tant celle de donneur de biberon ou de « langeur » qu'une place symbolique de séparateur. En revendiquant sa femme pour lui, comme épouse, comme amante, il la contraint à se décoller progressivement de son enfant. Bien sûr, pour qu'elle l'accepte, il doit l'aider matériellement, prendre en charge un certain nombre de tâches et lui manifester des sentiments amoureux qui lui rappelleront qu'elle n'est pas qu'une mère, mais aussi une femme, sa femme.

À l'arrivée du deuxième enfant, et même avant si possible, le père va consolider sa place auprès du premier-né, soulageant sa femme qui commence à s'alourdir du deuxième, et valorisant l'aîné par de plus nombreuses activités avec lui.

■ Greta vient me voir, enceinte de six mois de son deuxième enfant. La première grossesse s'était très bien passée, mais elle a été déprimée après la naissance. Cet enfant attendu est désiré, l'aîné a quatre ans, le moment est favorable. Cependant, le couple est en difficulté. Elle est angoissée, ce que son mari n'admet pas. Quant à elle, elle ne supporte pas sa belle-mère qui, depuis son veuvage, accapare son fils et s'approprie son petit-fils.

Il s'agit d'un couple mixte, et les cultures occidentale et orientale sont parfois en porte-à-faux. En Orient comme en Afrique du Nord, il n'est pas prévu de coupure symbolique ou autre avec les parents, il n'est pas pensable de remettre sa mère en question, et la famille d'origine prime toute autre relation. Dans notre Occident judéo-chrétien, une parole biblique sert de référence : « L'homme quittera son père et sa mère pour s'attacher à sa femme. »[1] La mixité accentue des difficultés qui existent aussi dans des couples de même culture. D'autres femmes que Greta sont agacées par des belles-mères abusives à qui leur fils n'ose rien refuser.

Sur le plan psychologique, le mari de Greta s'apparente plutôt à une personnalité faible, gentil et doux, ne sachant pas dire non, pas plus à sa mère qu'à sa femme. Mais ce qu'elle a aimé au début lui déplaît maintenant, et elle trouve aussi qu'il tarde à prendre sa place de père auprès de son fils.

---

1. Évangile selon saint Matthieu, VI, 19, *Bible de Jérusalem*, Cerf, Paris, 1998.

> Au bout de quelques séances, Greta a compris qu'il valait mieux remplacer l'agressivité par le dialogue. Elle a incité avec diplomatie une relation « entre hommes » du père et du fils. Elle s'est affirmée, a pris son autonomie, a moins peur que sa belle-mère ne lui prenne sa place. Elle est intelligemment sortie de la rivalité entre femmes en réclamant à son mari du temps pour l'enfant, non pour elle.
> Greta viendra me voir après la naissance pour me présenter son superbe bébé et me dire qu'elle va très bien, que le père s'occupe enfin et très bien du premier enfant, ce qui lui laisse le loisir de s'occuper du petit dernier. Chacun a trouvé sa place, c'est tout simple, mais ça n'était pas évident au début.

Ainsi les femmes enceintes viennent aussi régler leurs problèmes de couple, plus actuels en général que les difficultés avec la mère, mais avec un lien évident entre les deux. En effet, si la mère est le premier objet d'amour pour une femme, comme pour tout individu, déplacé ensuite sur le père, le choix de l'homme-partenaire, compagnon d'existence et père des enfants, est très souvent, de façon inconsciente, en lien avec la mère et la relation qu'on a eue avec elle.

Très souvent les femmes qui idéalisent beaucoup la vie de couple imaginent que leur mari va remplacer leur mère et leur donner tout l'amour dont parfois elles ont manqué de la part de celle-ci. Grave illusion qu'il vaut mieux ôter tout de suite à celles qui en font état ! Nul homme ne peut être la mère ni le thérapeute d'une femme, pas plus que l'inverse. Il est préférable de ne pas attendre de l'autre ce qu'il ne peut vous donner afin de profiter au maximum de ce qu'il a à offrir.

Cette utopie de retrouver en un homme le premier objet d'amour idéalisé est fréquente et parfois même tout à fait consciente. Comme me le disait récemment Salima, une femme arabe pleine de poésie : « Quand vous êtes dans le désert et que vous voyez un puits, vous vous précipitez dessus sans savoir si l'eau est bonne. Moi, j'ai fait pareil avec mon mari. C'était le premier homme que j'aie connu, je me suis jetée sur lui en pensant qu'il allait me réparer des douleurs de mon enfance. »

L'enfant est un révélateur pour le couple. Il sépare ceux qui n'étaient pas un couple, il agit comme séparateur symbolique des couples trop fusionnels. Il est une ouverture, donne une autre dimension à la vie. Il a droit à sa place de sujet et ne doit donc pas devenir objet, y compris celui de toutes les adulations, car il faut que chacun continue d'exister.

CHAPITRE 5

QUAND LA MORT COURT-CIRCUITE LA VIE

Parmi les raisons qui empêchent une femme de se réjouir totalement de la vie qu'elle porte en elle, il en est une majeure : c'est le spectre de la mort, une mort ancienne ou récente dont le deuil n'est pas fait, ou une mort annoncée d'une personne proche. Il se produit un blocage dans le processus de vie, blocage psychique amenant des symptômes dépressifs, des sentiments de culpabilité ou même, à l'extrême, un blocage du processus vital de l'enfant à venir.

Le plus tôt est le mieux pour déceler ces problèmes et pour qu'ils puissent s'exprimer, car la mort non symbolisée est un poison pour la vie, même si la deuxième s'achève inexorablement par la première. Quelle femme ne sait, au fond d'elle-même, qu'en donnant la vie à un être nouveau elle l'inscrit automatiquement dans la mort, car la vie a un début et une fin. Ce seul savoir peut, par moments, donner le « blues » à une femme enceinte.

Mais ce qui est douloureux ici, c'est, soit de voir remonter le souvenir traumatique d'une perte, même très ancienne, soit d'avoir à accomplir conjointement le travail de deuil et le processus de vie. Il peut s'agir aussi de devoir prévoir la mort d'un être cher et l'accompagner dans sa fin de vie, alors qu'on anticipe en même temps la joie de mettre au monde un enfant.

La mort ancienne

Comme nous l'avons déjà vu, la grossesse est un moment particulier de la vie d'une femme où peuvent resurgir de son passé des étapes traumatiques et des douleurs anciennes. Quelle blessure peut être plus violente pour un enfant que la mort d'un parent, en particulier de sa mère, à un âge où il en est encore tellement dépendant ? Et comment s'étonner que la plaie se rouvre pour une femme au moment où elle devient mère pour la première fois ?

■ Colombe vient me voir, enceinte de six mois, à vingt-neuf ans. D'emblée, elle me parle de deux problèmes : elle est une grande fumeuse et a grossi de façon anarchique. Elle ressent aussi des contractions. Quand elle a appris sa grossesse, « ce fut la panique, j'ai été malade pendant un mois », dit-elle. Qu'y a-t-il derrière ces manifestations ? Elle en vient d'elle-même à l'essentiel : « J'ai perdu ma mère à l'âge de cinq ans. » Après ce décès, elle a beaucoup grossi. À onze ans, elle pesait 74 kilos, à quinze ans, elle avait un début d'ulcère et, très tôt, s'est mise à fumer. Pourquoi la petite fille qu'elle était a-t-elle somatisé ainsi la mort de sa mère au lieu de pleurer, par exemple ? La réponse est simple : parce qu'on ne le lui a pas dit. Les enfants savent ce qu'on ne leur dit pas quand il s'agit de ce qui est important pour eux. Mais ils le savent confusément, car aucun mot n'a été énoncé, ils ne peuvent élaborer aucun travail psychique de deuil, et c'est leur corps qui parle pour dire la souffrance.
Un jour, Colombe a osé poser la question à son père : « Où elle est, Maman ? » Il a répondu : « Au ciel, tu la reverras un jour. » Colombe a donc raconté à ses camarades d'école que sa mère était partie mais qu'elle la reverrait bientôt. Alors la maîtresse, ayant entendu cela, a dit : « Ce n'est pas vrai, tu ne la reverras

plus, va t'asseoir, et ne pleure pas. » C'est ainsi que Colombe apprit brutalement la vérité sur la mort de sa mère, vérité qu'elle n'accepta pas[1]. Dans ses rêves, et jusqu'à l'âge de vingt ans, sa mère était toujours vivante. Aujourd'hui ce passé la submerge et la remplit de sentiments contradictoires. Elle dit : « Je voudrais enterrer tout ça », mais aussi elle a envie d'interroger des gens qui ont connu sa mère pour en savoir plus. Cela semble très difficile. « Tant de portes sont fermées depuis si longtemps », dit-elle, comme si c'était le silence qui avait enterré sa mère qu'elle voudrait à la fois déterrer pour en savoir quelque chose et ensevelir pour de bon. La seule personne qui ait accepté d'en parler est sa tante, mais elle dit toujours « ma sœur » et jamais « ta mère », et ne parle d'elle que dans la période antérieure à la naissance de Colombe. Elle ne saura donc rien sur cette maternité-là et devra tout inventer pour la sienne.

Au fur et à mesure, elle s'alourdit et sent le changement : « Je passe de l'autre côté de la barrière. » Elle ajoute : « J'ai l'impression de prendre un coup de vieux », ce qui est lié à la mort précoce de sa mère. Quand on approche soi-même de l'âge où ses parents sont morts, on imagine inconsciemment qu'on s'approche de sa propre mort, et on a le sentiment troublant de vieillir d'un coup.

Je verrai Colombe pendant trois mois, jusqu'à son accouchement. Elle pourra venir dire dans ce lieu ses inquiétudes, ses doutes et même ses pensées négatives qui, d'habitude, vous font mal juger. « Dans quelle galère on s'est mis... Ce sont nos derniers jours de tranquillité. »

Lorsque Colombe et son mari sauront qu'il s'agit d'un garçon, ils décideront de lui donner un prénom mixte – qui était aussi celui de la mère de Colombe. Ainsi prendra tout son sens la phrase prononcée dans une séance, de façon pesante : « La vie va changer, il va y avoir quelqu'un d'autre, et il va rester. » La mère, elle, était partie.

---

1. Ce thème est traité dans le beau film de Jacques Doillon, *Ponette*, 1996.

Il arrive souvent, en maternité, que nous ayons à rencontrer des femmes dont on dit qu'elles ont des antécédents de dépression, de prises en charge psychiatriques. En les écoutant, on s'aperçoit que la dépression ou la décompensation a souvent eu lieu après un décès.

Récemment, une jeune accouchée, suivie depuis cinq ans dans un service de psychiatrie, me racontait que ses troubles avaient commencé après le décès de son père. Dépression et claustrophobie grave l'empêchent de vivre normalement, avec des crises de panique très angoissantes, ce que l'accouchement venait d'ailleurs de réactiver.

■ Gaëlle, jeune femme ayant accouché la veille, inquiète suffisamment le personnel soignant pour qu'on me demande d'aller la voir. Elle pleure, est angoissée, ne se sent pas capable de s'occuper de son bébé. Elle me raconte que, depuis longtemps, elle ne va pas bien, angoissée et déprimée très sérieusement après une rupture amoureuse. Pour le moment, elle est avec un homme charmant, mais elle a des doutes sur la solidité de son couple et va jusqu'à me dire, dans un chuchotement, qu'elle n'aurait pas dû faire cet enfant, « mais il ne faut pas qu'il entende ». Je sens une difficulté de communication avec sa mère dont elle dit qu'elle est « parfaite ». Comment être aussi bien et comment en être proche ?
Ce qui arrive en dernier dans l'entretien retient mon attention. Son jeune frère a été tué six mois plus tôt par un camarade de classe, histoire qui a fait la une des journaux. Cette mort brutale et violente a traumatisé la famille. De plus, le bébé qu'elle vient de mettre au monde ressemble étrangement au frère décédé, un petit rouquin comme lui. Cela achève de semer la confusion dans l'esprit de cette femme, déjà minée par le doute et fragilisée par ce décès récent.
J'ai vivement conseillé à Gaëlle de consulter quelqu'un à la sortie de la maternité. Je lui ai donné l'adresse d'une collègue habitant près de son domicile et celle d'un psychiatre. Ce faisant, je

prenais acte de sa souffrance et lui donnais l'espoir d'une amélioration. Mais la sage-femme qui avait suivi Gaëlle et noté les antécédents de dépression n'avait pas osé me l'adresser, car elle la connaissait professionnellement et trouvait cela gênant.

Ceci montre le tabou qui existe encore par rapport à la psychothérapie, perçue comme une étiquette vexante au lieu d'une chance à saisir. La prévention n'est pas encore à l'ordre du jour dans notre pays, surtout en ce qui concerne la santé mentale.

■ J'ai parlé de Claude dans le chapitre sur la mère et les relations de haine qui existent parfois entre mère et fille. Mais ce que je dois ajouter sur cette jeune femme, c'est le chagrin débordant qu'elle a manifesté lors du premier entretien en me parlant de son grand-père. Cette jeune femme, je le rappelle, n'avait pas connu son père (sa mère était mère célibataire), et son grand-père, comme elle le disait, lui avait servi de père. Il avait été le déclic de la rupture avec sa mère qui, craignant pour son héritage, voulait le faire mettre sous tutelle. Claude avait alors rompu toute relation avec sa mère et pris en charge ce grand-père qu'elle aimait. Sa mort, quatre mois plus tôt, était pour elle un désastre car il représentait toute sa famille. De plus, elle n'avait pu recueillir son dernier soupir.
Cette première séance lui avait permis de vider cet abcès, d'évoquer cet être aimé et de pleurer autant qu'elle en avait besoin, avant de passer à d'autres choses et de régler d'autres problèmes.

Les cas sont innombrables de tous les deuils évoqués, même anciens, bien souvent non réglés, lorsque c'est la vie qui s'annonce.

■ Nous nous souvenons de Marlène dont le père, décédé accidentellement, demeurait à la fois le père idéalisé, parce que mort trop jeune, et le père très dur à qui elle ne pouvait pardonner. Ce deuil impossible la maintenait dans un état infantile et une difficulté d'identité personnelle qui handicapaient fortement son accès à la maternité.

Le deuil récent non fait

■ L'histoire d'Élisabeth est pour moi un souvenir douloureux. Rencontrée à huit mois de grossesse, au motif que son bébé présentait une anomalie rénale soignable après la naissance, Élisabeth n'avait pas semblé excessivement inquiète de cette perspective. Elle apparaissait en revanche égarée, sans but, incapable d'envisager l'avenir.

Dès la première séance, elle s'effondre en parlant de la mort de sa sœur, juste un an plus tôt, mort qui semble un suicide déguisé (alcool et barbituriques absorbés), et dont elle ne se remet pas. Elle est comme engluée dans une pathologie familiale lourde, en grande révolte contre ses parents. Elle et sa fratrie semblent comme empêchés de devenir des parents, donc de s'inscrire dans l'avenir. Elle craint, dit-elle, de subir « une hérédité inéluctable ».

Au cours de nos quelques entretiens, elle évoque ses rêves, encombrés de cadavres qu'on ne parvient pas à enterrer, et fait allusion à des suicides et à des maladies mentales à chaque génération.

Élisabeth a du mal à venir à nos rendez-vous, tout en reconnaissant qu'elle est mieux après. Elle est très dévalorisée, n'a aucune image maternelle à laquelle s'identifier et n'a confiance qu'en son mari qu'elle idéalise au détriment d'elle-même.

La naissance de son fils la transfigure très rapidement, comme s'il l'éclairait d'un espoir soudain. Elle dit que tout va aller bien maintenant. Devant mon insistance à lui redonner rendez-vous, elle accepte pour deux semaines plus tard.

Ne la voyant pas venir ce jour-là et mue par une forte intuition, j'appelle à son domicile où une parente m'apprend qu'elle s'est donné la mort, la veille, après une violente dispute avec un membre de sa famille.

J'ai encore en mémoire la voix un peu rauque et le sourire douloureux de cette femme attachante que ni un homme aimé, ni un enfant tout nouveau, ni ma modeste main tendue n'ont pu arracher au désespoir.

C'est surtout ici la corrélation avec la mort de cette sœur avec qui elle se confondait, mort qui la renvoyait à d'autres morts anciennes, qui est à souligner. Sur des personnes déjà fragilisées par des histoires familiales difficiles, un deuil peut être le choc de trop qui fait basculer.

Dans ce contexte désespéré, comment croire qu'on peut élever un enfant et donc prolonger une généalogie familiale déjà très noire ? Comment accepter de l'aide et croire qu'on peut changer ? Il arrive, et ce fut hélas le cas pour Élisabeth, que la rencontre avec un thérapeute intervienne trop tard.

Mais l'on voit bien ici que les deuils antérieurs non faits, entourés de non-dits, rendent plus dramatiques les pertes récentes. Il est rare qu'un être soit à ce point entamé par des souffrances accumulées qui ne sont pas seulement les siennes mais un héritage, et qu'il ne croie pas possible un espoir pour sa vie. Dans la plupart des cas, l'expression possible des chagrins de nos pertes à une personne capable de les entendre, de s'y identifier en leur donnant un sens, permet de sortir du tunnel.

■ Marielle, trente-sept ans, est enceinte de sept mois d'un deuxième enfant quand elle vient me voir. Elle dit avec lassitude qu'elle est de plus en plus dépressive au fur et à mesure que cette grossesse avance et qu'elle ne veut plus de cet enfant. Cette femme semble fatiguée de la vie, de sa vie, ponctuée de secrets et de morts, à quoi s'ajoute un problème de couple depuis la naissance de sa fille, quatre ans plus tôt.

Dernièrement, quatre personnes de sa famille sont décédées, dont une d'un cancer, une autre assassinée. Actuellement, son oncle, qu'elle aime plus que tout, achève sa vie d'un cancer généralisé. Cette grossesse n'était pas voulue, elle a pensé l'interrompre. « Mon mari a tout fait pour que je la garde et ne m'a plus aidée ensuite. »

Ils se sont mariés sur un coup de foudre, sans projet d'enfant particulier, mais ont bien accueilli la petite fille née deux ans après. Et puis ce fut l'enlisement du quotidien, plus de sorties, plus de week-ends à deux, le mari stressé par son travail qui se met à boire, les disputes, la femme amère, l'homme qui se plaint d'être délaissé depuis l'arrivée de l'enfant. Et surviennent toutes ces morts dont elle ne peut parler avec son mari qui refuse de l'entendre.

Il y a aussi de vieilles histoires tenues secrètes, les fausses couches de sa mère, peut-être bien provoquées, les fugues de Marielle et les chantages de sa mère, une mère très présente et autoritaire, avec un père absent. Tout cela a fragilisé cette femme, et ces deuils en cascade la dépriment totalement, la plongent dans un halo noir, avec en plus la perspective d'une mort annoncée. L'enfant porté ne lui sert à rien, c'est un poids de trop. Elle a envie de mourir.

Je la verrai chaque semaine jusqu'à l'accouchement. Je m'inquiète pour l'accueil de ce bébé qu'elle semble continuer de refuser. Mais, comme cela arrive souvent, le travail s'opère souterrainement. À la naissance, en effet, le miracle se produit. Quand elle voit sa fille, Marielle aussitôt l'adopte et l'aime, devient souriante.

La vie recèle des surprises, de bonnes surprises aussi.

■ Lorène m'est adressée à six mois et demi de grossesse. Physiologiquement, le doppler n'est pas très bon, il y a peu de liquide amniotique. Psychologiquement, le moment n'est pas favorable pour une grossesse. Lorène vient de subir deux chocs importants. Elle a perdu sa mère un an plus tôt et le deuil ne semble pas fait. Elle vient aussi de se faire licencier brutalement et sans raison par son entreprise, ce qu'elle n'a pas du tout admis. Elle est donc mentalement « ailleurs ». Son ami et elle sont très amoureux, mais leur couple est récent. Cependant le bébé non prévu est tout à fait accepté.

Cette femme est très agréable, mais son perpétuel sourire tranche avec ce qu'elle vit intérieurement. Elle parle beaucoup

de sa mère qu'elle aimait mais avec laquelle elle n'a pas eu le temps de régler les conflits et qui lui manque pour préparer sa maternité. Elle évoque un père dépressif dont elle ne peut s'occuper dans l'état où elle est. Elle doit rencontrer un avocat pour préparer son affaire professionnelle qui doit passer devant les prud'hommes. Elle se sent débordée aussi par cette grossesse qui nécessite une surveillance médicale particulière.
À notre troisième rencontre, Lorène est à trente-cinq semaines, et un contrôle vient de montrer une légère montée d'albumine et de tension. Elle dit qu'elle ne dort pas bien. Je ne veux pas lui montrer mon inquiétude mais lui conseille de ne pas hésiter à venir consulter aux urgences. Elle me dit que ce bébé va peut-être lui faire prendre un virage.
Ce virage, hélas, a failli lui être fatal. Une sage-femme, sachant que je la connaissais, m'apprend une dizaine de jours plus tard que Lorène a fait une crise d'éclampsie brutale[1], que le bébé est mort et que Lorène a été transportée d'urgence dans un autre hôpital, en état comateux. Je prends de ses nouvelles et lui écris un mot. Lorène restera hospitalisée plusieurs semaines. Elle reviendra me voir dans un état que je juge inquiétant. Pâle, hagarde, faisant état de vertiges à tout instant, de troubles de langage et de problèmes rétiniens, incapable de prendre seule les transports en commun, elle est aussi extrêmement déprimée. Je lui conseille de se faire prendre en charge dans une maison de repos et contacte l'assistante sociale pour l'y aider. Cela faisait trop pour cette jeune femme ; la mort avait continué de traverser sa vie et failli l'emporter, elle aussi.

Il est très difficile d'évaluer dans quelle mesure les difficultés personnelles d'une femme ont un effet négatif sur sa grossesse. On ne peut que constater des coïncidences troublantes en faveur d'une dimension psychosomatique du processus maternel.

1. Crise convulsive aboutissant à un coma, mettant en péril la vie de la mère et de l'enfant, et devenue très rare.

■ Rosine a trente-sept ans et attend son deuxième enfant depuis six mois. Le premier n'a que quinze mois, mais son mari et elle voulaient des enfants rapprochés. Cependant, ce qui est surtout rapproché, c'est la perte de ses parents. Sa mère est décédée quatre mois avant la naissance du premier enfant, son père deux mois après. Elle aura donc vécu ses deux grossesses dans le deuil : la première dans un deuil annoncé et dans la maladie puisqu'elle a pris un congé sans solde pour soigner sa mère, la deuxième, actuelle, dans un double deuil qui semble surtout impossible.
Rosine présente en effet un attachement quasi pathologique à sa mère, dont elle n'accepte absolument pas la perte. Dernière de cinq enfants, elle a formé avec sa mère un couple totalement fusionnel qui, dans son idée, ne devait jamais s'arrêter. En conséquence de quoi, elle a mis du temps à rencontrer un homme et s'est mariée récemment, sa mère étant déjà malade. Dans son malaise actuel, elle va jusqu'à ressentir de l'agressivité envers son mari qui est là alors que sa mère est partie, ce qui est à l'évidence une inversion des valeurs.
Cette femme se dit sans ressort, privée d'énergie, alors qu'elle s'est toujours comportée comme une personne dynamique, ne s'écoutant pas, pas assez d'ailleurs, négligeant sa santé.
J'apprendrai que cette mère tant idéalisée avait deux sujets tabous, la maladie et la mort ; on n'en parlait pas afin que ça n'existe pas. Elle a aussi élevé ses enfants, cette dernière fille surtout, dans l'idée que leur mère était sacrée et qu'ils lui devaient tout, dans un certain mépris du père également.
Ce qui éclaire surtout la dépression actuelle de Rosine, c'est sa propre histoire. Son arrivée dans la vie est le résultat d'une rupture de la ligature des trompes chez sa mère, puis d'une césarienne pour l'accouchement d'un bébé prématuré dont sa mère n'a pu s'occuper à la naissance.
Comme beaucoup d'anciens prématurés, Rosine fait état d'un important besoin que tout le monde l'aime. Mais elle rejoint surtout la cohorte de ces femmes, déjà évoquées et pour lesquelles j'ai une tendresse particulière, celles dont toute la vie n'est que pathétiques et vaines tentatives pour se faire aimer de leur

mère. Elles reportent bien souvent cette attitude vouée à l'échec sur d'autres personnages de leur vie.
Je n'ai vu Rosine que deux fois ; elle est partie accoucher en province où le couple venait d'obtenir sa mutation. Il aurait fallu plus de temps pour l'aider à faire le deuil de sa mère, mais aussi de l'idéalisation de celle-ci, à réhabiliter son père et les hommes en général, pour l'aider à trouver sa propre place de femme, d'épouse et de mère.

LA MORT ANNONCÉE

Lorsqu'une femme porte la vie et que, pendant ce temps d'attente heureuse, elle doit faire face à une autre attente terrible, celle de la mort d'un proche, le télescopage des générations et des forces antagonistes que sont la vie et la mort provoque en elle un malaise indescriptible. On sait bien que c'est toujours la vie naissante qui gagne. Ce qu'on sait moins, en revanche, et que nous apprend l'expérience du travail avec les femmes enceintes, c'est que, la plupart du temps, la personne malade concernée par la venue d'un petit-fils ou d'une petite-fille attend sa naissance pour mourir.

Les femmes, ignorant cette force mystérieuse, n'osent pas se réjouir de la vie qui tressaille en elles, craignant que leur bonheur ne soit indécent ou n'accélère la fin de vie de la personne qu'elles aiment. Elles ont grand besoin d'un accompagnement pour sortir des fantasmes et de la culpabilité, pour oser se réjouir de la venue d'un enfant et pleurer aussi le départ d'un parent, pour accepter ces deux réalités, la vie et la mort, dont chacun préférerait qu'elles ne soient pas simultanées.

■ Christiane m'est adressée par l'obstétricien qui la suit. Ces adresses ne sont pas fréquentes. Les obstétriciens sont beaucoup plus possessifs que les sages-femmes ; il s'agit de leurs patientes et ils ne les partagent pas volontiers, surtout si ce sont des patientes privées. Il faut donc qu'ils se sentent débordés par une dépression qu'ils ne comprennent pas pour leur conseiller une autre approche.

Quand je fais la connaissance de Christiane, elle est donc déjà à sept mois. Cette femme pleure sans discontinuer et évite le regard. Elle porte son deuxième enfant, et sa dépression est profonde. Beaucoup de temps a été perdu, car cette femme aurait dû être suivie depuis longtemps.

Tout d'abord, elle n'a cessé de « soigner » sa mère, dépressive depuis trente-cinq ans, c'est-à-dire depuis sa naissance à elle, et sous médicaments depuis tout ce temps. Ensuite ses parents, divorcés, avaient refait un couple chacun de leur côté, et Christiane s'est beaucoup attachée à ses parents « adoptifs », en quelque sorte. Il se trouve que, pendant sa première grossesse, la compagne de son père est décédée d'un cancer, ce qu'elle n'a pas supporté, dit-elle. Elle a fait une forte dépression post-natale, traitée seulement par antidépresseurs et anxiolytiques. S'étonnera-t-on que son premier enfant fût sans cesse malade, ce qu'elle perçoit comme un manque de chance inéluctable.

Il se trouve que, pendant cette deuxième grossesse actuelle, cinq ans après, c'est l'ami de sa mère qui est gravement malade, d'un cancer lui aussi. Elle ne parvient pas à surmonter cette nouvelle épreuve. Elle est persuadée que ces maladies ou ces morts vécues ou à venir sont « le prix à payer pour que j'aie le droit de donner la vie ».

Bien sûr, ce sentiment est de l'ordre du fantasme. Mais Christiane semble engluée dans un phénomène de répétition. Élevée par une mère dépressive, elle n'a pu construire sa personnalité que sur du négatif qu'elle anticipe constamment. Elle rejoue, elle aussi, une attitude triste, négative et insatisfaite qui risque de handicaper ses propres enfants. Elle dit d'ailleurs : « Je ne suis pas prête à accueillir cet enfant-là, je suis sûre qu'il y aura des problèmes, comme pour le premier. »

On dirait que tout ce qui la concerne ne peut que mal se passer, comme une malédiction ; tout cela parce que sa naissance a été le déclencheur d'une dépression chez sa mère, dépression jamais soignée. Car la prise de médicaments psychotropes sans expression verbale ni remise en question de la personnalité n'attaque pas la racine du mal et n'amène pas la guérison. Et les filles prennent la dépression maternelle de plein fouet, la « soignent », la subissent, en sont écrasées, sans aucune place pour une enfance insouciante. Les garçons sont plus égoïstes, ils fuient, comme le frère de Christiane qui ne s'occupe de personne et met toute son énergie dans son apparence, personnalité narcissique, fragile aussi, probablement, mais moins accablé que sa sœur.

Nous nous verrons cinq fois avant l'accouchement, vécu par Christiane comme « une boucherie », bien que sans douleur, tandis que son médecin s'est plaint qu'elle ait tout fait pour que ça se passe mal. En post-partum, et bien que Christiane ait mis au monde une superbe petite fille en parfaite santé, je la retrouve en larmes. Tout est prétexte à pleurer, toutes les phrases entendues l'agressent, mais elle ne sait rien demander.

Par la suite, refusant de consulter un psychiatre, ce que lui conseillait son obstétricien, Christiane reviendra me voir après la naissance pendant quatre mois. Les choses se passeront mieux, cette fois-ci, que pour la première naissance. La petite Antonia fera sa première nuit complète à sept semaines, le jour de l'anniversaire de sa maman.

Mais celle-ci a encore des raisons de se faire du souci. Elle s'en est toujours fait pour son fils aîné, un enfant semble-t-il extrêmement intelligent mais qui, ayant toujours senti qu'il ne satisfaisait pas sa mère, après avoir « somatisé », est devenu agressif envers elle. Et puis la perspective de reprendre le travail la mine, car cela signifie laisser la petite fille en crèche, et elle ne parvient pas à s'y résoudre. Son beau-père ne va pas bien du tout, mais il a pu faire la connaissance de la petite dernière.

Ce qui est le plus inquiétant, chez Christiane, c'est son incapacité à rester seule. Elle se détériore à attendre son mari qui, parfois, rentre tard du travail, et, à son retour, elle lui fait la tête. Elle a un besoin vital de l'autre, mais cet autre, quel qu'il soit, ne peut jamais la satisfaire.

Dans ce contexte, et à l'approche de la reprise du travail, Christiane manque un rendez-vous, en reprend un autre, n'y vient pas sans prévenir. Malgré un petit mot de ma part, je n'aurai plus jamais de ses nouvelles. Cette femme était encore loin de la capacité de reconnaissance que quelque chose de positif pouvait arriver pour elle et par elle.

L'histoire de Christiane vient ici illustrer l'ombre portée par une mort annoncée sur une vie en devenir. Elle vient aussi confirmer l'impact terrible et durable d'une mère dépressive sur son enfant à la naissance. Le combat que nous menons en maternité et en amont, c'est-à-dire pendant la grossesse, sert à éviter ce désastre. Mais cela est beaucoup plus difficile à la deuxième génération et quand la femme n'a pas suffisamment pris conscience de ce mal ancien dont elle est porteuse. Il faut, pour faire barrage à cette répétition, une détermination farouche de la femme à ne pas transmettre cette mort psychique qu'est la dépression, à accepter de décoller de cette mère négative, et à se laisser porter par une mère symbolique positive pendant le temps de ce travail intense de la grossesse.

■ Sonia demande à me rencontrer, enceinte de quatre mois. Sa demande est claire. « Mon père est atteint d'un cancer généralisé, je voudrais qu'il voie mon enfant avant de mourir. » Or cette grossesse semble, elle aussi, menacée par un décollement du placenta. Ainsi que je l'ai remarqué, le décollement du placenta est bien souvent corrélatif à un très difficile décollement de la famille d'origine, principalement de la mère, comme si une famille devait en empêcher une autre.
Lucide et sincère, Sonia me dit avec beaucoup de franchise qu'elle a connu huit ans plus tôt une grave dépression nerveuse, traitée par médicaments et cure de sommeil mais aussi par psychothérapie. Elle a donc compris, à la faveur de ce travail de parole, qu'elle avait tenu dans la famille la place de l'enfant satisfaisant et que, dans son fantasme, elle ne devait agir que pour

satisfaire ses parents... qui n'en demandaient pas tant. La barre étant placée trop haut, elle avait craqué. Les parents ont cependant leur part dans ce collage. Quand la maladie du père a été connue, la mère a dit à sa fille : « Dépêche-toi de nous faire un enfant. » On ne saurait mieux dire.

Sonia m'a donc donné les clés pour le travail que nous entamons : l'aider à décoller de ses parents, l'accompagner dans les anticipations simultanées de la vie et de la mort.

Intelligente et pragmatique, Sonia comprend vite les enjeux et prend son destin en main. Elle commence par régler ses comptes avec sa mère, lui interdit l'entrée du cabinet de l'échographiste où elle venait en pays conquis et lui conseille de consulter, elle aussi, un psychothérapeute, car ce n'est pas à sa fille d'écouter ses problèmes de couple, exacerbés par la maladie du père.

Le placenta se recolle. Mais Sonia n'est pas tout de suite rassurée sur la viabilité de sa grossesse. Après une aggravation de l'état du père, ses rêves trahissent des désirs inconscients de grossesse avortée, sans doute cette culpabilité et ces fantasmes si fréquents selon lesquels une vie doit se payer par une autre vie. Pour compenser, elle mange et prend du poids.

À la crainte de la mort du père se surajoute, comme nous l'avons déjà vu, l'amour excessif pour ce père et les confusions inconscientes sur la paternité de l'enfant. Heureusement Sonia forme avec son compagnon un couple solide.

Nos séances sont ponctuées des bulletins de santé du père, toujours alarmants mais déniés par lui qui s'accroche à la vie. Sonia est sûre qu'il ne verra pas son petit-fils et panique à l'idée de cette mort possible et de ses conséquences sur la fin de sa grossesse. Je suis persuadée du contraire, ayant perçu la force de vie de cet homme, dont sa fille a hérité, et sachant ce que représente pour un homme si attaché à la famille la vue de celui qui va continuer la vie à sa place.

Pour Sonia, cette grossesse est lourde, ce qu'elle ressent est pire que la tristesse : « Un nuage au-dessus de ma tête m'empêche de vivre mon bonheur. » Elle se venge en mangeant... Un deuil brutal vient encore alourdir l'atmosphère familiale : un

jeune cousin, tué dans un accident de voiture. L'état du père empire, mais il s'accroche encore.
À sept mois, le bébé va très bien et s'est déjà retourné pour sa future sortie. Le père de l'enfant commence à paniquer à l'idée d'avoir un fils. Sonia, qui n'aime pas trop l'état de grossesse, prévoit pourtant que ce sera dur de ne plus avoir le bébé à l'intérieur.
À huit mois, Sonia se met à rêver de la mort de son père, comme si elle commençait à en admettre l'idée, ce qui est son interprétation. Par ailleurs, elle devient plus sereine, n'est plus aussi pressée que le bébé naisse pour que le grand-père le voie. « C'est quand il veut », dit-elle ; l'enfant est devenu prioritaire. Sonia se replie sur elle-même et sur son bébé, les autres comptent moins, même son compagnon. Elle dit : « Je m'isole, comme les animaux. » Elle ne craint pas d'accoucher et se sent très en sécurité à l'hôpital.
Je serai prévenue de l'accouchement de Sonia, à terme, d'un très beau et gros garçon. Je la verrai deux jours après et apprendrai que son père est venu faire la connaissance de son petit-fils. Il est venu en chaise roulante, et le lendemain a été admis en réanimation, ce que Sonia ne sait pas encore.
Sonia est dans l'émerveillement de son enfant. Elle me le dit et me remercie de mon aide. Je la félicite et pense que le retour à la maison sera dur car, si la vie a gagné, la mort continue son œuvre. Mais chaque chose en son temps. Sonia commence à construire sa famille.

Comme on le voit, dans le travail avec les femmes en maternité, il est aussi souvent question de mort. Bien des familles sont touchées par des vies qui s'achèvent tandis que d'autres s'annoncent. Ces douleurs anciennes, récentes ou simultanées, sont un facteur de fragilisation d'une grossesse en cours et doivent être verbalisées et traitées avant la naissance d'un enfant afin de ne pas voir flamber des dépressions postnatales, beaucoup plus graves encore.

De toute façon, les femmes enceintes qui viennent

parler d'elles abordent toujours à un moment donné le sujet de la mort. Comment en faire l'économie lorsqu'on essaie de situer sa vie ? Travailler dans le domaine de la naissance, comme avec des personnes en fin de vie, nous place devant les grands mystères de l'humanité, devant les questions essentielles et existentielles. Et si l'on sait écouter, on découvre que les personnes concernées sont alors beaucoup plus vraies. Dans ces moments émotionnellement forts, on touche à la vérité de l'être.

CHAPITRE 6

LA SOLITUDE DU POST-PARTUM

Même si, à l'heure actuelle, la grossesse est totalement et exclusivement médicalisée, les femmes ont au moins l'impression qu'on s'occupe d'elles. Certaines n'en sont pas dupes, qui se plaignent qu'on ne s'intéresse qu'à leur utérus.

La déontologie de l'obstétrique a toujours été claire. Il s'agit de surveiller suffisamment les femmes enceintes pour qu'à l'arrivée l'enfant et la mère se portent bien. La mort d'une parturiente ou d'un nouveau-né est un échec sérieux pour l'obstétricien responsable. Mais si les deux sont vivants et vont assez bien, le travail et l'intérêt s'arrêtent là. Qui se soucie de la suite ?

Après une surveillance médicale qui s'accroît en fin de grossesse (certaines femmes racontent qu'elles ont parfois, en une semaine, des rendez-vous quotidiens avec tel ou tel membre du corps médical), aussitôt après l'accouchement, il continue d'y avoir dans la chambre d'une accouchée un défilé ininterrompu de personnes dont chacune a sa spécialité bien précise. Les femmes ont vite fait de comprendre qu'aucune ne vient pour elle, hormis la « sage-femme des mamans » qui se soucie de l'état de son utérus, de son épisiotomie ou de sa cicatrice de césarienne. Certaines femmes en font état dès la grossesse en remarquant que seul leur bébé intéresse le corps médical. On peut les rassurer en leur disant que leur survie n'est pas indifférente à la médecine, mais nous savons bien que c'est autre chose qu'elles veulent, en vain.

Disons-le clairement : les suites de couches sont la parente pauvre de l'obstétrique. Ce moment absolument primordial du début d'une vie, dont on sait aujourd'hui qu'il conditionne toute la suite puisque s'y met en place la structure d'un individu dans la relation mère-enfant, ce moment est volontairement négligé et ramené à ses seuls aspects physiologiques. Il y a là pourtant la naissance d'une mère, et nous savons que ce n'est pas simple, et par conséquent la naissance de la relation de cette mère à son enfant.

Le meilleur et le pire peuvent se passer à cet instant qui est de la dynamite, et il y a quelque chose à ne pas rater. Hélas, le temps manque aux protagonistes intéressés par ce moment : un certain nombre de sages-femmes débordées, les pédiatres, les assistantes sociales et les psychologues. Ce temps, c'est quarante-huit heures, deux jours pour faire connaissance avec une femme, observer comment se met en place la relation à l'enfant à travers les soins, le nourrissage, le sommeil, etc. On a deux jours pour organiser l'aide nécessaire, éventuellement le passage à une structure spécialisée mère-enfant, ou des aides à domicile. Deux jours, car là où je travaille les femmes sortent au troisième jour, sauf en cas de problème physique sérieux. C'est une politique mise en œuvre avec une volonté déterminée et, d'après ce qu'on en comprend, pour deux raisons :

– La rentabilité ; plus une maternité fait d'accouchements, plus elle a de sécurité, de notoriété, de crédits. Le nombre de lits n'augmentant pas avec le nombre d'accouchements, les unes doivent faire place aux autres, quels que soient leur état mental et les besoins ressentis.

– La peur. La grande peur du médecin obstétricien est la psychose puerpérale[1]. Le délire, le suicide, la grande crise dépressive, voire le meurtre de l'enfant, sont présents et amplifiés dans les fantasmes médicaux. Or les médecins, qui savent faire face à des urgences vitales de façon quotidienne, se montrent incapables, lorsqu'il s'agit de santé mentale, de gérer des situations même beaucoup moins graves que la psychose puerpérale, comme les dépressions ou des crises d'hystérie. Ils perdent alors leur sang-froid et fuient la situation. Il s'agit donc de se débarrasser au plus vite des accouchées afin que, si un problème psychique ou social venait à éclater, cela se produise en dehors de l'hôpital et hors de la responsabilité médicale.

Dans ce contexte très difficile pour qui s'occupe de la santé mentale et de sa prévention sans avoir ni les moyens ni le temps nécessaire pour mener à bien ce dessein, le choix, pour ma part, s'est fait sur le travail en amont, dès le début de la grossesse, avec les femmes qui le souhaitent et ont eu connaissance de cette possibilité.

En ce qui concerne ce moment clé du post-partum, plusieurs thèmes sont à appréhender à l'écoute des femmes qui viennent d'accoucher.

Le vécu de l'accouchement

Accoucher aujourd'hui peut sembler tout de même moins effrayant qu'aux siècles précédents, et même qu'il y a vingt-cinq ou trente ans.

De mère en fille, les femmes se racontaient leurs accouchements comme les hommes se racontaient

1. Décompensation brutale et imprévisible du post-partum, avec confusion et délire concernant l'enfant. Elle se soigne bien avec des médicaments psychotropes. Maladie très rare : 0,1 à 0,2 %.

leurs guerres, en insistant sur la souffrance et les détails horribles pour mieux mettre en évidence leur courage et leurs épreuves, afin de se valoriser. De ce passé, les fantasmes se sont nourris et demeurent, car ils ont beaucoup plus longue vie que les réalités médico-sociales. De la vieille malédiction biblique : « Tu enfanteras dans la douleur », il reste beaucoup de traces, de peurs et d'angoisses.

Pourtant la mortalité maternelle et infantile s'est considérablement réduite au cours des dernières années. L'apparition de l'accouchement dit « sans douleur », puis l'arrivée de l'analgésie péridurale ont modifié profondément le vécu de l'accouchement.

D'un autre côté, tout un courant idéaliste post-soixante-huitard a voulu faire de l'accouchement un moment merveilleux qu'il faut à tout prix réussir, ce qui crée bien des déceptions, des culpabilités et de la dépression.

On peut donc prévoir deux sortes de femmes qui risquent d'être traumatisées par leur accouchement :

– Celles qui arrivent pétries d'angoisse, tendues à craquer et qui vont donc inconsciemment se fermer au lieu de s'ouvrir. L'accouchement risque d'être long et difficile, de se terminer par de la souffrance fœtale et des interventions instrumentales, à moins que l'équipe soignante ne sache rassurer, détendre, contenir l'angoisse par des paroles et des gestes appropriés.

– Celles qui ont décidé de réussir leur accouchement dans un désir de maîtrise absolue et vont vivre l'inverse de ce désir, soit par un acte manqué (il est classique de rater ce qu'on veut trop réussir), soit par un conflit entre leur désir de maîtrise et celui de l'équipe médicale, soit par un événement inattendu hors de leur volonté (siège, circulaire du cordon, etc.).

En dehors de ces deux cas un peu prévisibles, il en est un certain nombre d'autres où des femmes, de façon inattendue, vont vivre leur accouchement comme un traumatisme absolu, même si objectivement cela n'a pas été perçu comme tel par l'équipe médicale. Cela peut avoir un retentissement, non seulement sur le post-partum, mais sur la relation de toute une vie entre cette mère et son enfant.

■ Pascale est hospitalisée pour une menace d'accouchement prématuré. Une infirmière attentive a remarqué son état dépressif et m'en parle. Je vais la voir et je l'écoute. Elle se sent très angoissée et pleure fréquemment. Elle s'ennuie de son mari et de son petit garçon de deux ans. Elle se sent incomprise. L'interne à qui elle a parlé de son angoisse lui a répondu : « Votre état mental ne m'intéresse pas, pour moi, tout ce qui importe, c'est que votre bébé arrive en bonne santé. » Voilà qui est clairement dit. Je me demande où est l'origine de son inquiétude ; elle sent mon empathie et parle franchement.
Pascale a très peur de l'accouchement qui approche (elle est à trente-trois semaines). Cette peur est une réminiscence de son premier accouchement, réellement traumatique, vingt ans plus tôt, avec une souffrance fœtale, dans l'urgence, la souffrance et l'angoisse. Elle en a été si bouleversée, sous le choc, que la relation avec l'enfant s'est tout de suite mal passée. Pour elle, c'est parce que l'enfant avait souffert, mais il est probable qu'elle aussi a souffert d'avoir un bébé insatisfaisant, malade, pleurant sans cesse, auquel elle ne comprenait rien et pour lequel elle n'a pu avoir les réponses appropriées. De plus, elle était très jeune, pas du tout épaulée par un mari jeune et inconscient. La relation à cet enfant, une fille, a toujours été exécrable et est encore très conflictuelle aujourd'hui, la fille, caractérielle, donnant beaucoup de souci.
Malgré un nouveau mari charmant et un petit garçon qui va bien, de ce deuxième mariage, Pascale est terrorisée dans cette troisième grossesse car elle porte une fille et craint la répétition : « Peut-être que je ne sais pas y faire avec les filles ? » Nous nous voyons deux fois et je signale dans son dossier qu'il serait bon qu'elle soit très entourée à l'accouchement.
Ayant verbalisé et donc ramené à la conscience ce traumatisme

refoulé, Pascale ira mieux et rentrera chez elle. Six semaines plus tard, elle me fera prévenir de son accouchement. Je trouverai une femme transformée, souriante et heureuse. L'accouchement s'était très bien passé, elle avait eu une sage-femme et une équipe formidables. La petite fille allait très bien. « Elle me comble », dit-elle. Je savais que cette relation-là était bien partie.

Cette histoire me semble exemplaire pour montrer à quel point il serait important que les femmes soient écoutées systématiquement après leur accouchement par un psychologue, afin de recueillir ce qu'elles ont à en dire et de le décoder en le laissant venir. Pour parler, il faut trouver une oreille exercée à entendre et, lorsqu'une femme a pu exprimer et symboliser par des mots la souffrance vécue, elle peut laisser repartir dans les soubassements de l'inconscient la part traumatique de l'événement. N'en étant plus encombrée, elle peut passer à autre chose, la relation avec son enfant. Les femmes ne savent pas cela, les médecins non plus qui n'aiment pas trop voir les psychologues dans les chambres des femmes en suite de couches. Il y a pourtant là une dernière chance de parole avant le retour à la maison et la solitude avec, peut-être, de mauvais souvenirs.

■ Je rencontre Alice deux jours après son accouchement. On me la signale pour sa tristesse et sa passivité. Je trouve une femme dans un état déplorable, épuisée, semblant souffrir tellement qu'elle parvient à peine à parler. Elle évoque seulement son inquiétude à propos de son bébé qui n'est pas avec elle mais en néonatologie pour une perfusion d'antibiotique en raison d'une infection. Elle-même est perfusée, deux jours après sa césarienne.
C'est seulement à notre deuxième entretien, quatre jours après, que j'aurai une vraie parole de la part de cette femme. Elle raconte son accouchement comme un horrible cauchemar, au

cours duquel elle s'est sentie traitée avec sadisme par l'équipe en place. Elle devait accoucher par voie basse et avec une analgésie péridurale, mais l'enfant a présenté une souffrance fœtale et le médecin a pris la décision de pratiquer une césarienne.
Alice a supplié qu'on lui fasse une anesthésie générale, ce qui lui a été refusé car elle était déjà sous péridurale. Elle dit avoir senti la douleur, senti le bistouri et, bien sûr, entendu les paroles des médecins entre eux, ce qui peut être source d'angoisse.
Actuellement, on préfère pratiquer les césariennes sous péridurale, le risque de cette analgésie étant moindre que celui de l'anesthésie générale, ce qui n'est pas négligeable. C'est aussi moins lourd pour l'équipe médicale, en particulier pour les anesthésistes, car on évite une surveillance prolongée en salle de réveil, par exemple. En plus, c'était la nuit de la Saint-Sylvestre…
Outre cette impression d'être opérée à vif, peut-être subjective, Alice a eu le sentiment qu'on s'acharnait sur elle, car on niait sa souffrance et, lorsqu'elle a demandé comment ça se passerait pour un prochain accouchement, on lui a répondu sèchement : « De la même façon, car c'est la politique du service. » On ne peut pas dire que cela soit une réponse ni adroite ni réconfortante.

D'après mes investigations, je n'ai trouvé chez Alice aucune fragilité psychologique antérieure. En revanche, depuis cet accouchement, cette femme semblait traquée, ayant peur de tout, extrêmement inquiète pour son bébé. J'ai craint que ne se manifeste là le début d'une névrose post-traumatique, espérant cependant que ce long entretien avait pu permettre à ce douloureux traumatisme de s'exprimer et, peut-être, de se dissoudre.

■ Thérèse vient me voir après avoir subi une interruption médicale de grossesse. Elle est extrêmement déprimée. Pourtant sa dépression ne semble pas tant trouver son origine dans la perte de ce bébé – qu'elle n'était, semble-t-il, pas prête à accueillir –

que dans le traumatisme vécu de ce curetage. Bien que très intelligente et dotée de diplômes élevés, cette femme, en raison de son histoire personnelle, vit de façon marginale et présente une situation sociale précaire. Je la trouve attachante et continuerai de la suivre dans un autre lieu. Les mois suivant son I.M.G.[1], elle présentera une kyrielle de problèmes de santé, gynécologiques en particulier, en plus de sa dépression.
Le travail fait ensemble et les soins reçus dans un centre médical verront une amélioration de son état physique et, progressivement, sa réintégration socioprofessionnelle. Mais, six mois après, l'évocation de cette interruption de grossesse, l'atroce douleur ressentie et, à ses dires, la brutalité des soignants en gestes et en paroles provoquent à nouveau ses larmes.

Il serait urgent de sensibiliser les futurs obstétriciens à cette double dimension physique et psychologique de la prise en charge de la douleur des parturientes. Quand une femme sous péridurale hurle de douleur, ce qui arrive parfois, doit-on ne pas en tenir compte, sous prétexte que ce n'est pas prévu dans les protocoles médicaux ? Quand on sait les répercussions de ces moments sur toute une vie, on pourrait passer du général à l'individuel, faire preuve d'intelligence envers des êtres qui ne sont pas identiques, de souplesse et d'adaptabilité, ainsi que d'un minimum d'écoute de l'autre ; c'est cela, l'humanité. Mais peut-être est-ce trop difficile pour des jeunes médecins qui craignent leur hiérarchie.

Le vécu de l'accouchement, qui est subjectif, ajouté à des éléments objectifs comme la durée du travail, les complications, l'instrumentalisation, a des répercussions directes sur l'état psychologique d'une femme en post-partum, et ce sont des facteurs déclenchants d'états dépressifs immédiats ou à plus long terme

1. Interruption médicale de grossesse.

Blues ou dépression

À ce propos, il faut dire ici quelques mots d'un terme que, personnellement, je n'emploie pas mais qui est véhiculé par les médias, les soignants et bien d'autres : le *baby blues*. Ce terme anglo-saxon édulcore et ne rend pas compte de cet état que traversent environ cinquante pour cent des femmes après la naissance d'un enfant. De plus, les femmes, à force d'en entendre parler, croient que c'est un passage obligé qu'elles redoutent sans savoir exactement ce qu'il signifie.

Ce qu'on appelle le *baby blues* recouvre en fait, me semble-t-il, l'ensemble des déceptions que ressentent les femmes après avoir accouché.

– Déception de l'accouchement quand il ne s'est pas passé comme elles l'avaient rêvé : soit que le travail ait duré trop longtemps, soit qu'elles aient souffert plus que le supportable, soit qu'il y ait eu instrumentalisation (forceps) ou césarienne. Même si cela a sauvé la vie de l'enfant, elles ont le sentiment d'avoir échoué à le mettre au monde elles-mêmes.

– Déception de se sentir fatiguées et surtout le ventre vide d'enfant mais toujours gros. Plus elles avaient investi leur ventre comme une puissance et une présence, plus elles en ressentent le manque. Le deuil du ventre habité peut être long et difficile, même si les femmes concernées sont contentes d'être délivrées et heureuses d'avoir l'enfant auprès d'elles.

– Déception qu'on ne s'occupe plus d'elles ou plus autant, l'attention étant focalisée sur le nouveau-né. Beaucoup de femmes disent à ce propos qu'à la maternité c'était bien car elles étaient déchargées de nombreuses tâches, et que le retour à la maison a été l'horreur, car trop précoce et trop brutal. C'est souvent là que commence le blues.

– Déception parfois aussi à l'égard du bébé qu'on a forcément imaginé autrement qu'il n'est en réalité, ce qui est très difficile à admettre, encore plus à dire. Il peut exister un temps de décalage entre la découverte et l'« adoption » de cet enfant.

– Déception d'avoir des difficultés à allaiter et que, soit on ne vous y aide pas, soit on vous secoue pour y réussir coûte que coûte. Là aussi certaines femmes doivent y renoncer avec un grand sentiment d'échec et de dévalorisation. Il est bien de savoir que l'allaitement, nourrissage naturel, est bon pour l'enfant, bien souvent aussi pour la mère, à qui il permet de rester en proximité physique avec son enfant. Mais il vaut mieux donner le biberon avec joie que le sein dans le stress et les larmes.

Pour certaines femmes, cette proximité physique, un peu animale est de l'ordre du trop ; elles ne peuvent l'envisager et ce comportement est à respecter.

– L'afflux d'hormones et la montée de lait sont un facteur supplémentaire de cet état peu grave car peu durable (il dépasse rarement dix jours). Les femmes concernées peuvent d'ailleurs se sentir très heureuses et pleurer à toute occasion sans rien maîtriser.

Bien des femmes ne connaîtront jamais ce blues. C'est le cas, la plupart du temps, et d'après mon expérience, des femmes qui ont déprimé pendant la grossesse et ont été prises en charge pour cela. Pour un certain nombre d'entre elles, elles ont eu le blues avant, déçues par l'état de grossesse et anticipant l'angoisse d'être mères. Cela peut être aussi le cas des femmes ayant eu un accouchement facile et qui sont bien entourées.

L'angoisse fondamentale des accouchées primipares réside dans le poids des responsabilités qui soudain les écrase, qui pourrait se dire ainsi : « Vais-je être une assez bonne mère ? » Les femmes qui ont fait un travail sur elles-mêmes pendant la grossesse parce qu'elles se posaient déjà ces questions, ont repris confiance en elles et dans leur capacité maternelle ; elles se mettent à l'ouvrage sereinement. Et puis nous avons anticipé ensemble tout ce qui pouvait se passer. Alors elles n'ont plus peur.

Mais parler du *baby blues* comme d'une étape incontournable après la naissance et sans l'expliquer revient à répandre l'idée d'une catastrophe annoncée. Le pire n'est jamais sûr, et il n'est vraiment pas thérapeutique d'annoncer à une personne qu'elle va aller mal alors que cela ne se produira peut-être pas. On peut seulement dire qu'il est possible de ressentir ceci ou cela après l'accouchement et qu'on peut essayer d'en parler avec quelqu'un.

En revanche, il faut mettre en garde les femmes, surtout celles qui ne s'écoutent pas, contre la dépression postnatale. Celle-ci peut survenir de façon rampante, comme un *baby blues* qui se prolonge, en raison de la solitude, d'un entourage peu présent, peu attentif, avec un sentiment d'être débordée par la situation ou de ne pas comprendre son bébé. Cette dépression peut survenir plus tard, plusieurs mois après, avec les symptômes habituels de la dépression, des symptômes somatiques et une tendance à être soit rejetante, soit surprotectrice avec l'enfant. Il ne faut surtout pas la laisser s'installer mais consulter sans tarder quelqu'un à qui l'on parle, qui ne se contente pas de vous prescrire des antidépresseurs, par ailleurs efficaces dans ce cas mais insuffisants. Il peut arriver qu'une hospitalisation soit nécessaire, de préférence dans une unité mère-enfant, afin de ne pas ajouter une rupture aux difficultés relationnelles possibles.

Le poids de l'entourage

On ne dira jamais assez l'importance des gestes et des paroles qui entourent les premières heures et les premiers jours de ce qu'il faut bien appeler la naissance d'une mère.

L'extrême perméabilité psychique des femmes enceintes s'exacerbe en une sensibilité plus forte à l'accouchement, qui devient maximale dans les jours qui le suivent. La moindre parole d'un médecin, d'une sage-femme, d'une infirmière ou d'une auxiliaire de puériculture va prendre une résonance incroyable au moment où une femme devient mère ; c'est qu'elle a besoin de toute sa confiance en elle pour affronter cette tâche qui lui semble parfois énorme et dont elle n'est pas sûre d'être digne.

Quand on fait profession d'écouter les individus avec une extrême attention, il n'est pas rare de les entendre en égrenant leurs souvenirs évoquer leur propre naissance à travers les souvenirs de leur mère. « Quand je suis né, on a dit à ma mère que... » De ces paroles positives ou négatives entendues par la mère dans ce moment clé, restent des traces indélébiles sur la mère et sur l'enfant. Car à la perméabilité psychique de la mère se superpose la totale perméabilité psychique du bébé à sa mère, à ce stade où il va se constituer à travers elle par tous ses sens.

Nous avons en Occident une assez jolie mythologie qui parle des fées qui se penchent sur le berceau du bébé à la naissance pour le doter d'un certain nombre de talents ou de qualités. Mais, suivant la dialectique des contraires, il peut aussi s'y substituer les paroles néfastes de sorcières non invitées mais venues cependant apporter le mauvais sort. Les fées et les sorcières, c'est chacun de nous qui rend visite à une accouchée, personnel de la maternité, ami ou membre de la famille. Les gestes et les paroles que nous aurons à l'adresse de cette maman et de son bébé prendront une particulière résonance dans la vie de ces deux là.

Pour ma part, dans le cadre professionnel qui est le mien, amenée à rencontrer une accouchée, je m'enquiers en premier lieu de l'état physique et psychologique de la mère, de la façon dont elle a vécu son accouchement et dont elle s'en remet. Puis je passe au bébé, demande son nom et interroge la mère sur sa satisfaction par rapport à lui, ce qui n'est pas une évidence. Je réponds aux questions qu'elle se pose au sujet de sa relation avec ce bébé, en utilisant les circonstances – bain, allaitement – et en commentant les réactions du bébé, si souvent étonnantes quand on sait l'observer. J'évoque toujours le père et interroge sa réaction à la naissance, m'assurant qu'il y a bien auprès de cette femme un homme présent, père de cet enfant. Parfois nous parlons des autres personnes de la famille. Je ne quitte jamais la chambre sans avoir félicité la femme de cette naissance et souhaité au bébé bienvenue dans la vie. Cette modeste contribution n'en a pas moins son importance par les paroles positives, clarifiantes et porteuses d'espoir qui sont des baguettes magiques à la portée de tous.

Les personnes qui travaillent auprès des accouchées ont un certain savoir sur ce qu'est un nouveau-né, et elles souhaitent transmettre ce savoir aux jeunes et moins jeunes mamans. Ce qui les gêne parfois, c'est que, comme toute transmission du savoir, celle-ci s'adresse à des personnes différentes par leur niveau intellectuel, leur insertion sociale, et surtout par la réceptivité ou les barrières que leur histoire personnelle affective leur a créées. Cette histoire, elles l'ignorent, et bien souvent, quand une mère ne réagit pas assez vite ou assez bien, elles peuvent avoir tendance à la juger de façon négative.

Une femme qui sent qu'elle est mal jugée par l'équipe soignante (les jugements sont vite contagieux) va réagir encore plus mal et encore moins vite à l'apprentissage de son enfant. C'est dans ces cas-là que l'intervention d'un psychologue peut débloquer la situation. Car le psychologue, lui, va s'intéresser au passé lointain et récent de cette femme, aux intrications généalogiques et, comprenant où se fait le nœud, va pouvoir rapidement l'aider à restaurer sa confiance en elle et lui restituer le savoir sur cet enfant qui est le sien.

■ Un jour, un médecin me parle d'une de ses patientes qu'il a césarisée deux jours plus tôt. Cette femme semble avoir du mal à adopter son enfant et cela l'inquiète.
Je rencontre donc Rachel qui me raconte assez facilement son histoire, en particulier l'histoire de sa propre naissance. Sa mère, juive, n'aimait que les garçons. Comme si la petite fille qu'elle était avait senti ce rejet, Rachel fut hospitalisée très vite après sa naissance pour anorexie. Elle interprète ainsi l'état qui fut le sien : « Je vomissais et déféquais tout ce qui me venait de ma mère. »
On imagine qu'avec ce début de vie l'accès de Rachel à la maternité fut difficile. Une première grossesse se termina à cinq mois par une mort *in utero*. Cette fois-ci, au moment de l'accouchement, une souffrance fœtale conduisit l'obstétricien à pratiquer une césarienne. « Le docteur S. m'a empêchée de tuer mon enfant », dit-elle. Après l'accouchement, Rachel était sombre et inhibée, la césarienne et la perfusion n'aidant pas non plus aux premiers soins à l'enfant. Rachel se sent mal jugée par le personnel : « Personne ne comprend que je ne sois pas contente. »
À la fin de notre entretien, une auxiliaire puéricultrice entra dans la chambre, amenant le bébé qui était en néonatologie et, en ma présence, Rachel entreprit de faire la connaissance de son petit garçon. Elle commençait seulement à y être prête.

L'histoire de Rachel illustre bien le temps qui est nécessaire à chaque femme pour faire sien son enfant et même seulement le prendre dans ses bras. Il montre aussi que notre personne garde une empreinte indélébile des expériences vécues, même si elles ne sont pas accessibles à notre conscience. Une femme peut comprendre son enfant et lui prodiguer les soins nécessaires parce que cela est inscrit en elle, dans ses gènes, mais aussi parce qu'à sa naissance une mère l'a fait naturellement pour elle. C'est donc inscrit également dans son psychisme.

Ce phénomène naturel qui consiste pour une mère à s'occuper de son enfant à la naissance s'inscrit dans une transmission verticale qui ne revient pas en arrière. Je veux dire par là qu'on n'a pas à être spécialement redevable à sa mère d'avoir accompli cette œuvre et, si l'on se sent en dette, ce n'est pas à elle qu'il conviendra de la payer[1]. Ce que les mères font pour leurs filles, celles-ci le feront pour leurs propres enfants, et ainsi de suite. Cela ne mérite pas une idéalisation des mères qui se retourne plutôt contre elles. Mais cela ne mérite pas non plus de clouer au pilori celles qui n'y parviennent pas tout de suite et qui ont juste besoin d'un peu d'aide et d'un peu de temps.

À la naissance de son premier enfant, une femme a le sentiment d'avoir beaucoup de choses à apprendre. Cela est exact, à ceci près que la grande majorité de ce qu'elle a à apprendre est en elle. Si on peut lui montrer comment lui donner le bain, faire les soins du cordon ou mettre l'enfant au sein, tout le reste du savoir sur son enfant, c'est elle qui l'a et va l'apprendre avec lui, en étant dévouée à lui et à son écoute.

Malheureusement, il arrive que des personnes bien intentionnées croient nécessaire de dire aux femmes comment elles doivent élever leur enfant, en projetant sur elles leurs propres fantasmes ou superstitions, voire des croyances héritées de leurs ancêtres, qui ne parlaient que de dressage, pas de bons soins, encore moins d'amour. Il est fréquent qu'on dise, par exemple, aux jeunes accouchées qu'il ne faut pas prendre leur bébé dans les bras en dehors des tétées et des changes parce que cela va le rendre capricieux.

1. Monique Bydlowski, *La Dette de vie, itinéraire psychanalytique de la maternité*, *op. cit.*

Dire cela est une aberration concernant les nouveau-nés. Quand on pense à ce que peut vivre un bébé, après avoir passé neuf mois dans l'obscurité, à 37 °C, en milieu aquatique, porté et bercé par les mouvements et les battements de cœur de sa mère, nourri en permanence sans connaître la faim et la soif, sans avoir besoin de respirer... Soudain, il se trouve projeté avec violence dans la lumière et le froid, privé de ses repères antérieurs, obligé de respirer par lui-même et connaissant la frustration de ne pas recevoir la nourriture dès qu'il en éprouve le besoin. On imagine le traumatisme de ce petit être totalement dépendant de son environnement, à qui la mère sait généralement d'instinct prodiguer les soins et les compensations nécessaires en le gardant le plus possible dans sa chaleur et son odeur, chaque fois qu'elle le désire et sent qu'il en a besoin.

Récemment, une femme m'a même raconté qu'une infirmière lui avait conseillé, une fois rentrée chez elle, de laisser la télévision allumée toute la journée pour que le bébé, excité par ce bruit et cette lumière, sache que c'était le jour et fasse ses nuits de façon plus précoce ! On sait qu'il faut à un nouveau-né un temps normal d'adaptation pour faire la différence entre la nuit et le jour. Si ce bébé va bien, a des parents qui l'acceptent tel qu'il est, sans être eux-mêmes trop angoissés, cela se fera entre le deuxième et le quatrième mois environ, surtout sans forçage ni artifice du plus mauvais goût. Un nourrisson a besoin de calme et que son sommeil soit respecté pour être équilibré. Il a besoin aussi que la personne qui s'occupe de lui soit relativement sereine et assurée du bien-fondé de ce qu'elle fait.

C'est pourquoi il est si important de donner aux femmes confiance en elles à une époque où l'on a tendance à convier des experts de toutes sortes pour dire aux gens ce qu'ils doivent faire, et où pullulent des livres au style pseudo-américain : « *How to...* », c'est-à-dire comment faire ceci ou cela, au lieu d'inventer sa propre vie.

Un tout-petit a besoin d'être rassuré par sa mère qui le tient, mais il a aussi besoin qu'on le laisse dormir, bien sûr, le sommeil étant la part la plus importante de son début de vie, et qu'on ne le stimule pas excessivement. Tout cela est seulement de l'ordre du bon sens. En se rappelant d'où vient un bébé (l'utérus et ses conditions), et vers quoi il va (l'autonomie), il sera bon de le suivre dans ses alternances de croissance et de régression, avec patience et bienveillance, en faisant confiance à sa propre capacité maternelle de se mettre à sa place, ce que lui ne peut faire[1].

Outre le personnel de la maternité, bien d'autres personnages vont entrer en scène pour ce couple mère-enfant et, en premier lieu, le père auquel nous consacrerons la prochaine partie de ce chapitre. Car le poids de l'entourage, c'est aussi la constellation familiale qui va réellement ou symboliquement se pencher sur ce berceau, à commencer par les générations précédentes.

Il va y avoir la visite des grands-pères et des grands-mères vivants et curieux de voir leur descendance. Certains sont contents, trop peut-être, car ils ont tendance à accaparer le bébé. On pense aux grands-mères, mais aussi à certains grands-pères. Quand une femme voit naître son premier petit-enfant, elle ne peut s'empêcher de sentir remonter à la surface de sa conscience les sensations et les émotions vécues à la naissance de ses propres enfants. Elle peut un instant avoir le désir de se l'approprier, et puis une petite voix intérieure lui dit : « Ce n'est pas le tien. » Elle fait un pas en arrière dans sa tête et, à sa fille ou à sa belle-fille qui, peut-être, lui a mis le bébé dans les bras, elle le rend avec ses félicitations. Les félicitations sont une belle coutume qui sert

1. Donald W. Winnicott, *Le Bébé et sa mère*, Payot, Paris, 1992.

à rappeler qui est l'auteur et le responsable de cette petite merveille, et à lui rendre hommage.

■ Samira est une jeune femme d'origine maghrébine dont les difficultés ont commencé à la naissance de son premier enfant. Elle me raconte une intéressante histoire familiale autour du berceau. Sa mère, algérienne, très ancrée dans les traditions, s'adresse à l'autre grand-mère, française, et lui adresse ses très vives félicitations. Ce à quoi la grand-mère française rétorque, non sans discourtoisie : « Mais ce n'est pas mon enfant ! » On voit comment peuvent s'instaurer des conflits familiaux à travers des mots qui n'ont pas le même sens pour chacun en raison de cultures différentes, mais aussi de capacités différentes à s'identifier à l'autre.
Il s'avère que la grand-mère musulmane reconnaissait seulement par ses mots courtois de félicitations l'inscription généalogique du bébé dans la famille paternelle et que, depuis, elle reste discrète et à distance de l'éducation de l'enfant. À l'inverse, la grand-mère paternelle, qui avait dénié par son exclamation toute possessivité de sa part, donne sans cesse son avis et a tendance à envahir le couple.

Un certain nombre de jeunes femmes peu sûres d'elles ont tendance à laisser leur mère prendre leur place sous prétexte que celle-ci sait, un peu comme avec les spécialistes de la petite enfance. Elles restent donc un peu en retrait devant leur propre enfant, écoutant des conseils dont certains sont sûrement bons, d'autres moins, et n'osant pas inventer leur propre façon de faire, ignorant surtout que la relation mère-enfant est leur affaire. Cet après-naissance peut être l'occasion pour une femme de mettre sa mère dehors, symboliquement bien sûr, en lui faisant comprendre que, cette fois, c'est à elle de jouer, c'est elle la mère, et qu'elle entend prendre enfin sa place.

Certaines femmes suivies pendant leur grossesse et, disons, en délicatesse avec leur mère, font part de leur décision d'interdire l'accès de la maternité à la famille et donc à leur mère. En verbalisant ainsi, « je ne souhaite pas de visite pendant mon séjour à l'hôpital », les femmes font comprendre à leur mère qu'elles veulent tranquillement adopter leur enfant, elle et leur mari, prendre leur place de parents, en étant les premiers auprès de l'enfant, avant de le partager avec les autres. Dans le contexte historique de certaines d'entre elles, et étant donné la brièveté du séjour hospitalier, le peu de temps imparti pour se remettre de l'accouchement et intégrer l'apprentissage des premiers soins, il s'agit souvent d'une sage décision.

■ Magali est venue me voir à quatre mois de grossesse. Elle a du mal à investir cette grossesse, car c'est surtout son mari qui voulait un enfant. Mais si elle est enceinte, c'est bien qu'il y a eu un désir. Magali a des comptes à régler avec ses parents. De son père, elle dit qu'il est vertueux mais indifférent à son égard, ce qui est une douleur. Sa mère est hystérique et sans morale. Magali essaie de ne pas l'accabler, sans pouvoir la prendre pour modèle maternel car le moins qu'on puisse dire est qu'elle n'a pas été une mère protectrice. Il existe une forte rivalité entre les deux femmes, car la mère de Magali supporte mal, sans doute, à la fois la perspective d'être détrônée de sa place de mère et aussi de vieillir en devenant grand-mère pour la première fois. Quand on annonce à Magali, à six mois, que son col est ouvert, sa mère lui dit : « Tu vas perdre ton enfant, ça t'occupera d'en faire un autre. » Voilà qui n'est pas fait pour le rapprochement mère-fille.
Cette jeune femme, qui, au dire de sa mère, « a poussé comme du chiendent », a dû affronter des situations difficiles (divorce des parents, incarcération de la mère), souvent seule. Elle a semble-t-il pris le parti de se faire aider par les gens qui se présentent, prête à son tour à aider les autres en difficulté. Je trouverai son mari derrière la porte, l'attendant après chacune de nos séances. Moi-même, elle m'utilisera comme psychologue et

substitut maternel provisoire, me demandant par exemple mon avis sur le papier peint de la chambre d'enfant.
Magali décida donc d'interdire les visites à la maternité à famille et amis, mais m'appela avec insistance pour me présenter sa jolie petite fille. C'est à moi qu'elle mit le bébé dans les bras. Je découvris alors que le bébé avait une plaie à la tête et la clavicule cassée (conséquences du forceps), ce dont elle ne m'avait rien dit. Cela n'a provoqué chez elle aucune réaction, mécontentement ou inquiétude, par exemple. Magali, endurcie par son expérience de la vie, n'est visiblement pas angoissée par ce problème passager. Elle s'occupe très bien de sa petite fille et elle peut compter sur son mari très présent et hypersensible pour apporter sa contribution matérielle et affective aux soins de l'enfant.

COUPLE ET NAISSANCE

L'histoire de Magali nous amène tout naturellement à évoquer les pères et leur place si importante auprès des mères dans ce moment de la constitution d'une famille.

Nous avons vu précédemment les malentendus qui peuvent exister dans les couples dont la femme attend que son mari se comporte comme une mère et dont l'homme espère que sa femme ne sera pas trop une mère pour redevenir rapidement sa partenaire amoureuse. Que de déceptions les attendent au tournant de la naissance!

L'ignorance d'un sexe par l'autre apparaît comme une cause fréquente de mésentente dans les couples. Les fonctionnements et les besoins ne sont pas les mêmes chez les femmes et chez les hommes. Il serait préférable que les uns et les autres ne l'ignorent pas ou ne le nient pas, puisque hommes et femmes vivent aujourd'hui de façon beaucoup plus proche et souhaitent partager les événements de leur vie avec plus d'intimité qu'autrefois. Se connaissant bien, ils peuvent se positionner en tant que couple et conserver leurs différences qui font l'attrait de leur relation et l'équilibre de leurs enfants.

Il est en effet important pour des enfants que leurs parents soient différents et n'essaient pas d'être semblables en tout. Car la perception des différences, d'une part fait sentir à l'enfant très tôt sa propre appartenance sexuelle et à quel parent il doit s'identifier, d'autre part l'autorise pour l'avenir à être lui aussi différent et donc unique. Les familles « magma », où tout le monde est collé, fait tout pareil, aime les mêmes choses, font le lit de pathologies sérieuses à l'âge adulte.

De nos jours, ce sont plutôt les pères qui ne savent plus très bien comment se positionner. Ils prennent de plus en plus souvent le parti d'être très proches de leur épouse dans la maternité, et surtout d'être très proches de leurs enfants, ce qui est très profitable à ceux-ci. Doivent-ils pour autant changer de sexe et prendre une place maternelle auprès des nouveau-nés ? Cela ne semble pas une très bonne idée, sauf dans les cas où la mère est défaillante.

Un jour, allant rendre visite à une jeune accouchée de ma connaissance, dans un cadre non professionnel, j'eus la surprise, en arrivant dans sa chambre à la maternité, de trouver sur le lit le père avec le bébé dans les bras, à qui il donnait le biberon, et la mère à côté, ne sachant trop quoi faire de sa personne. Ce spectacle, qui mettait plutôt mal à l'aise, montrait surtout la reprise du pouvoir de la femme-mère. Dans ces cas-là, le problème n'est pas tant à chercher du côté de l'épouse, que cette attitude arrange probablement, que du côté de la mère de l'homme qui agit ainsi.

Un certain nombre de jeunes couples, aujourd'hui,

tombent dans le panneau du biberon donné par le père comme un acte éminemment paternel. Si l'on regarde comment la nature a fait les choses, on voit que les femmes portent et allaitent les enfants. Elles ont ce don et cette capacité nourricière et, si elles ne souhaitent pas allaiter, ce qui est leur droit, pourquoi se chercher de bonnes raisons en prétendant que c'est *pour* le père, pour laisser le père donner le biberon ? De toute façon, les pères auront toujours l'occasion de donner des biberons, l'allaitement maternel durant en général quelques mois et les enfants conservant de plus en plus tard l'usage du biberon.

Et puis être père, c'est bien autre chose. Pour le partage du travail, le père peut accomplir un certain nombres de tâches qui permettront à la mère de nourrir son enfant dans le calme et la sérénité nécessaires à ce moment unique de la relation mère-enfant. De plus, on entend souvent les femmes se plaindre que les pères, quand ils donnent le biberon, regardent en même temps la télévision, alors que les femmes, c'est l'enfant qu'elles regardent ; il leur suffit. À chacun sa spécialité et son mode de relation.

Être père, oserai-je dire, puisque c'est ma conviction de psychanalyste, c'est être celui qui désire la mère et que la mère désire, ce désir étant d'ailleurs à l'origine de l'enfant. Le plus bel acte symbolique de paternité consiste, au fur et à mesure que le nouveau-né devient bébé, à distraire la mère de sa fascination pour l'enfant, en lui rappelant que lui, son homme, est là pour elle et en permettant à l'enfant de prendre conscience qu'il n'est pas tout pour sa mère. Et, bien sûr, il doit être présent pour l'enfant, lui sourire, lui parler et jouer avec lui. Car les pères sont de merveilleux compagnons de jeu pour les enfants qui trouvent dans leur portage d'homme un plaisir particulier, et ce très tôt dans leur vie.

■ J'ai suivi Charlotte pour un travail à plus long terme, mais sa demande s'est située quelques mois après la naissance de son premier enfant, et l'explosion de sa dépression a coïncidé avec l'accouchement où, disait-elle, « tout a été mis sur la table ». Elle évoquait là les souffrances et les difficultés importantes de son mari et d'elle-même dans leur enfance. Ce bébé, arrivé un peu tôt dans un couple récemment constitué dans une rencontre romantique à l'étranger, est venu ramener ses parents à la réalité. Ceux-ci croyaient, elle au prince charmant, lui à la révélatrice de sa virilité.

L'accouchement avait constitué pour Charlotte un réel traumatisme puisqu'il avait représenté pour elle la « perte de la maîtrise ». Le travail n'avançant pas assez vite, le médecin avait décidé de déclencher l'accouchement, ce qui avait été vécu comme intolérable par Charlotte. Cet accouchement était son affaire ; elle devait mettre son bébé au monde en ses temps et heure. De plus, bien sûr, la perfusion de Syntocinon avait augmenté les douleurs, et la péridurale était venue un peu tard. Elle se plaignait, criait, s'énervait, ce qui avait accentué la nervosité du médecin. Son mari n'avait rien compris à ce qui se passait et pas supporté ce spectacle dont il restait marqué.

Bref, pour ce couple, l'accouchement avait symbolisé le point de départ de réelles difficultés entre eux. Et il s'était produit entre cet homme et cette femme une sorte de changement de sexe, le mari voulant jouer à la mère, non auprès de sa femme mais auprès de l'enfant, la femme, blessée qu'il « lui vole sa maternité », régentant de façon autoritaire la vie quotidienne de la famille. Peut-être également, perturbé par les visions de l'accouchement, le mari s'était-il éloigné physiquement de son épouse. À quoi s'ajoutait pour lui l'incarnation insupportable de la femme-mère, lui rappelant trop sa propre mère dure et glaciale, ce qui n'était pourtant pas le cas de Charlotte, plutôt tendre et excessivement démonstrative.

Le mari de Charlotte développa une jalousie importante vis-à-vis de son fils qui bénéficiait de tant de tendresse et de chaleur, ce dont lui-même avait été privé au même âge. Mais c'est Charlotte qui fit les frais de cette jalousie. Un jour où le bébé tétait le sein de sa mère, le père eut cette réflexion : « S'il y touche, alors, pas moi. »

Ainsi se mit en place une inextricable problématique de couple. Plus le mari glacial privait sa femme de caresses et de relations sexuelles, plus celle-ci en rajoutait dans la proximité à son enfant, exacerbant la jalousie du père. La spirale de cette violence devint, par moments, infernale ; violence de la froideur de l'homme, violence des insultes de la femme qui en vint à le traiter d'impuissant, ce qui n'est pas la meilleure façon de reconquérir un homme.

Séduit au début par cette femme passionnée qui excitait sa virilité et flattait son ego, le mari ne voyait plus en elle qu'une mégère envahissante. Elle, charmée par la douceur et la sensibilité de son amoureux du début, ne lui pardonnait pas l'abandon dans lequel il la laissait et, déçue par sa faiblesse, ne savait que le provoquer. Chacun accentuait la souffrance de l'autre, ravivant les blessures initiales.

Ce fut un difficile travail entre Charlotte et moi, et sa dépression rendait délicates les limites qu'il convenait de lui apprendre. Pourtant elle remontait lentement la pente, et il y eut quelques rapprochements du couple. Refusant de prendre en compte la fragilité de leur couple, Charlotte ne se protégea pas sexuellement, le mari non plus au demeurant.

Quand Charlotte prit conscience de sa deuxième grossesse, elle fut enchantée, le premier enfant atteignant trois ans, son désir maternel devenant de plus en plus fort. Mais le mari « disjoncta » totalement, refusant cette grossesse et disant qu'il ne l'avait jamais aimée. Il profita d'un long éloignement professionnel pour lui dire qu'il la quittait.

Il fallut alors soutenir une femme désespérée par l'abandon d'un homme qu'elle aimait toujours malgré le mal qu'il lui faisait, une mère d'un petit enfant de trois ans soudain privé de père, une future mère d'un deuxième enfant qu'elle allait attendre seule. Bien sûr, Charlotte était pour quelque chose dans cette situation. Mais il fallait faire face, et elle était devenue plus forte. Grâce à notre travail, elle réussit à mener à bien cette aventure, en ne renonçant jamais à l'idée de retrouvailles avec son mari.

Il y eut des rencontres à cause de leur enfant commun et, très progressivement, le mari finit par décider d'être présent pour la naissance de son deuxième enfant. Il réapparut dix jours avant cette date, et Charlotte eut cette fois l'intelligence de lui laisser choisir le prénom puisqu'il décidait de prendre enfin sa place de père.

Pour Charlotte, l'apothéose fut de réussir dans une autre maternité cet accouchement-là, auquel elle s'était longuement préparée par des séances de sophrologie.

Il semblait important d'illustrer par l'histoire de Charlotte les affres auxquelles peut aboutir un couple après une naissance s'il n'y prend pas garde. À dessein j'ai laissé dans l'ombre l'enfance et les parents toxiques de Charlotte, éléments qui, bien sûr, viennent s'inscrire dans ses difficultés. Je les résumerai par cette seule phrase, la sienne : « Ce n'est pas tant de l'absence d'un père que j'ai souffert que d'un trop de mère. » Nous savons bien maintenant que c'est la même chose, et que les pères doivent être là pour que le « trop » ne vous tue pas.

Aimer un homme, aimer un enfant, ce sont là des sentiments de nature différente ; l'un n'annule pas l'autre, bien au contraire. Les femmes, plus à l'aise dans la reconnaissance et l'expression des sentiments, peuvent, avec l'intelligence qui leur est propre, faire comprendre cela à leur compagnon. Elles n'ont pas à être leur mère mais ont intérêt à rester leur femme. S'ils regardent ensemble leur enfant et savent conserver des moments pour se regarder l'un l'autre, leur couple survivra, encore plus solide qu'avant, et leur enfant sera équilibré.

C'est quand chacun occupe la place qui est la sienne que la santé mentale est préservée. Parfois, passer de deux à trois est bien difficile, comme s'il y en avait toujours un de trop. La rivalité, la jalousie s'emparent rapidement des protagonistes qui souffrent et font souffrir.

Le trio père-mère-enfant n'est pas aussi idyllique qu'on l'imagine ; il faut surmonter les frustrations et cesser de se prendre pour le centre du monde – ce qui est, bien sûr, valable aussi pour l'enfant. Mais le trio évite aussi le duel homme-femme ou mère-enfant, dont nous avons vu qu'il pouvait être destructeur pour l'esprit.

Solitude et structures médico-sociales

Ainsi que nous le disions au début de ce chapitre, les suites de couches sont la parente pauvre des structures médico-sociales.

La médecine ne voit pas pourquoi elle se préoccuperait d'une accouchée et de son bébé une fois qu'elle a assumé sa part dans la mise au monde de celui-ci et qu'elle s'est assurée qu'il n'y avait aucune pathologie chez ces deux personnes. Et pourtant... Peut-on affirmer que, trois jours après une naissance, la mère et l'enfant sont hors de tout risque ? Le bébé, dans ses premiers jours de vie, perd une part non négligeable de son poids (jusqu'à 10 %), et il n'est pas toujours sûr que la courbe de poids soit définitivement positive après trois jours de vie. Quant aux mères, trois jours après un accouchement, avec peut-être une épisiotomie, cinq jours après une césarienne, peut-on dire qu'elles ne risquent pas une complication médicale ? Il y a aussi les problèmes de sein qui peuvent parfois être sérieux. Il arrive, rarement il est vrai, que des femmes soient réhospitalisées en suites de couches.

Mais ce qui nous préoccupe ici, c'est surtout de savoir si, après deux jours et demi d'une naissance, une femme, surtout primipare, peut faire face matériellement, physiquement et mentalement à la prise en charge de son nouveau-né entièrement seule. Car c'est bien la question de la solitude qui se pose. Aucune autre culture n'impose aux femmes récemment mères une pareille situation.

Lorsqu'on met en question la brièveté de séjour des mères à l'hôpital, un des arguments opposés est celui de dire : « Regardez les femmes africaines, elles accouchent et rentrent chez elles. » Ici, on est en France, où il n'est pas habituel de prendre modèle sur les pays africains pour ce qui est de la santé publique. Mais surtout ce qu'on oublie de dire, c'est que les femmes africaines vivent en clan et dans une grande solidarité matérielle les unes avec les autres, parfois également lorsque, immigrées en France, elles vivent regroupées. Une étude a d'ailleurs été faite dans une cité de la banlieue parisienne, montrant que les femmes africaines qui y vivent font moins de menaces d'accouchement prématuré que les Françaises pour la bonne raison que les femmes disponibles vont chez leurs amies enceintes pour faire le ménage, la cuisine et s'occuper de leurs enfants. Quant aux femmes africaines ou autres immigrées, lorsqu'elles sont isolées, elles ont autant de problèmes que les Françaises et même davantage car leur isolement est accentué par leur appartenance différente.

Chez nous, dans la société actuelle qui s'est énormément individualisée, les femmes travaillent, leurs mères aussi, les familles habitent rarement à proximité, et les femmes se retrouvent dans une solitude matérielle et morale immense.

Récemment, une patiente que j'avais suivie pendant toute sa grossesse, et qui allait bien à la naissance, est sortie de la maternité, au troisième jour, je ne sais comment matériellement car son mari venait de trouver un travail qui commençait impérativement la veille de la sortie de la maternité. On lui a refusé une sortie dans la soirée qui aurait permis à son mari de venir la chercher, car « il fallait faire le ménage de sa chambre ». Or cette femme, dont toute la famille réside à l'étranger, habite au septième étage sans ascenseur. On imagine son retour à la maison !

Or, malgré ma demande, les services sociaux, débordés par des urgences plus criantes, ne s'étaient pas vraiment inquiétés. Car il s'agissait d'une femme exerçant une profession médicale, intelligente et courageuse, mais sans moyens financiers et donc sans aide, avec un mari dans l'incapacité de s'absenter d'un travail qu'il avait mis si longtemps à trouver. Comment allait-elle faire les courses, avec un nouveau-né au sein toutes les deux heures, la fatigue et tous ces étages ? Cette femme est un exemple parmi tant d'autres. Que dire alors des femmes moins douées et peut-être socialement en difficulté ou psychologiquement fragiles ? Jamais une femme n'est gardée plus longtemps en maternité pour une de ces raisons-là. Seule une raison médicale sérieuse peut justifier une prolongation de son séjour. Tout cela semble bien inhumain.

En effet, pendant neuf mois, le discours implicite adressé aux femmes est « ne vous occupez de rien, laissez-nous faire et laissez-vous faire, soyez la moins active possible » et ce, jusqu'à l'accouchement, « ne bougez pas, restez couchée, laissez-nous vous accoucher ».

Et puis, aussitôt après la naissance, le discours implicite est devenu « au travail ! bougez-vous, apprenez vite tous les soins, ne vous plaignez pas, vous êtes une mère et, au troisième jour, dehors ! à vous de jouer ». J'y ajouterai cette phrase explicite plusieurs fois entendue : « Le bureau des pleurs, ce n'est pas ici. »

Un tel changement d'attitude et de discours en si peu de temps est ressenti comme une violence par les femmes concernées, même si cette politique va de pair avec une généralisation des hospitalisations de plus en plus courtes dans tous les domaines, en particulier chirurgicaux, car l'hospitalisation est très coûteuse. Mais une maternité n'est pas un service médical comme un autre. Il y a deux personnes concernées. L'avenir de l'une dépend de l'état de l'autre, et certains services ont pris conscience de l'enjeu en y réfléchissant dans un vrai travail d'équipe. J'ai en particulier entendu dans un congrès un patron obstétricien dire qu'il avait écouté la psychologue de son service et compris qu'il fallait augmenter le temps de séjour des parturientes à cinq jours. La meilleure formule serait un séjour « à la carte », dans les limites du raisonnable, afin de ne pénaliser ni les femmes qui ressentent le besoin de rester un peu plus, ni celles qui se sentent aptes à rentrer chez elles.

En effet, une femme qui met au monde son premier enfant, qu'elle ait vingt ans ou quarante ans, est en apprentissage et en situation fragilisée. Après le choc physique de l'accouchement, le choc émotionnel de voir son enfant, cette femme, qu'elle soit coiffeuse, institutrice, avocate ou médecin, se trouve exactement dans les mêmes conditions. Car ce qu'elle vit est nouveau pour elle, il s'agit de son enfant, même si elle a l'habitude de manier ceux des autres, et ses angoisses à l'idée de ce qui l'attend et de ce qu'on attend d'elle sont le lot de toutes les femmes qui viennent d'accoucher.

À l'écoute de centaines et de centaines de femmes en situation de maternité, de tous milieux sociaux, de tous niveaux intellectuels ou psychologiques, je peux témoigner que le point commun est le sentiment de solitude.

Pour pallier cette solitude, il n'existe pratiquement rien. Comme nous l'avons vu, le monde médical ne se sent pas concerné. Quant aux structures sociales, elles ont été jusqu'à ce jour très pauvres. Pour les femmes dont l'état psychique nous inquiète vraiment, il est difficile de trouver des solutions. Jusqu'à il y a peu, il existait quelques foyers pour des femmes en grande difficulté sociale. Depuis quelques années, il s'est créé des structures mère-enfant pour des femmes en grande difficulté psychique : dépression grave du post-partum, psychoses puerpérales ou état psychotique antérieur.

Il existe aussi un lieu spécifique créé pour les femmes présentant une difficulté particulière à nouer de manière positive le lien avec leur enfant. Ce centre de maternologie a reconnu l'existence de souffrances et de difficultés spécifiques à l'état maternel qui n'ont pas à être traitées dans un hôpital psychiatrique ordinaire[1]. L'intérêt essentiel de ces lieux est qu'ils ne séparent pas l'enfant de sa mère. Mais ces structures, peu nombreuses en région parisienne, avec peu de places, sélectionnent les femmes suivant le profil qui correspond au sens de leur travail. De plus, elles apparaissent lourdes et sont difficiles à faire accepter à des femmes vivant en couple et, peut-être, moins gravement atteintes. Ce qui manque cruellement, ce sont des structures intermédiaires mobiles qui aillent vers les femmes, vers leur domicile.

Très récemment, il s'est créé un mouvement plus dynamique au sein des P.M.I. (centres de Protection maternelle et infantile) pour des visites de puéricultrices au domicile des femmes ayant accouché récemment, pour peu que leur cas leur soit signalé par le personnel de la maternité. Quand il existe des difficultés matérielles, une assistante sociale peut demander le passage d'une travailleuse familiale payée par la femme en fonction de ses ressources. Ce n'est pas négligeable. Mais beaucoup de femmes n'ont pas connaissance de ces possibilités et passent à travers les mailles du filet. Dans une grande maternité, il est difficile que toutes les femmes soient vues par des assistantes sociales débordées et trop peu nombreuses, et la juste évaluation des besoins est chose difficile si l'on sait que ce sont les personnes qui ont le plus besoin d'aide qui ne la demandent pas.

---

1. Unité de maternologie de Saint-Cyr-l'École, créée par le docteur J.-M. Delassus, *Le Sens de la maternité*, Dunod, Paris, 1995.

Quant à l'aspect purement psychologique dans ce cadre, il est très difficile à traiter. Il faudrait aussi sans doute que des psychologues soient mandatés pour visiter à domicile des femmes fragiles mais non susceptibles d'être hospitalisées. Pour cela, il faudrait que ce besoin soit évalué par le psychologue de la maternité et que celui-ci puisse les voir toutes avant leur sortie. On est loin du compte.

Pour ce qui concerne les femmes que nous connaissons déjà, c'est plus simple. Les femmes auxquelles j'ai pu assurer une vraie prise en charge pendant leur grossesse vont bien en majorité à la naissance et, selon mon expérience, ne font pas de dépression du post-partum. Elles sortent cependant de la maternité avec mes coordonnées et l'encouragement à m'appeler si nécessaire. À certaines, je propose de continuer encore un peu le travail en venant même avec le bébé, troisième personnage de nos séances qui prennent ainsi une autre tournure.

■ Héloïse est venue me voir très tôt dans sa grossesse. Ce qu'elle amenait était essentiellement un refus de cette grossesse à presque quarante ans, seize ans après la naissance d'un fils. Pourtant elle n'avait pas souhaité l'interrompre. Héloïse se sent persécutée par tout le monde, et dans son corps aussi elle est persécutée par toutes sortes de somatisations. La lourdeur de ses problèmes me conduit à la mettre en relation avec une structure mère-enfant pour le cas où ce serait nécessaire après la naissance. Et puis j'accélère nos séances à deux fois par semaine.

Il fallut apprivoiser Héloïse, très méfiante et lourde d'une expérience passée avec un psychologue muet. Petit à petit elle se mit en confiance, mais elle restait très fragile. Deux aspects étaient particuliers chez elle. Elle avait honte de son ventre, ne sortant de chez elle qu'à certaines heures pour que ses voisins ne la remarquent pas ; elle avait la hantise d'avoir une fille, ce qui, naturellement, arriva.

Pour la honte, il se trouve que dans sa famille le discours adressé aux filles était : « Et surtout, ne revenez pas avec le gros ventre ! », ce que, bien sûr, ses sœurs s'empressèrent d'accomplir, mais pas elle. Pour la fille, cette peur était un mélange de plusieurs éléments : sa mère n'aimait que les garçons, et puis les filles, c'était la honte, d'avoir des règles, par exemple, et surtout d'être les victimes sexuelles des hommes. Et puis Héloïse avait un fils et donc elle ne saurait pas s'y prendre avec une fille, pensait-elle, tout changement étant insupportable.
À travers les angoisses et les malaises physiques, Héloïse parvint au terme de sa grossesse. N'ayant rien voulu savoir du sexe de son enfant, elle découvrit avec stupeur qu'elle avait mis au monde une fille. Elle pleura pendant vingt-quatre heures, puis, avec son compagnon aussi désemparé qu'elle, finit par lui trouver un prénom. Avant sa sortie, nous prîmes rendez-vous. Héloïse vint donc me voir avec Mélissa, ravissante petite fille métisse.
Assez vite la maman accepta sa fille, et je pouvais constater que l'enfant allait bien, était bien tenue, bien soignée. Entre Mélissa et moi, une rencontre se fit rapidement. Quand on parle à un bébé, qu'on le sollicite, s'adressant réellement à sa personne, il le ressent et vous répond par des signes visibles. À chaque séance, Mélissa me reconnaissait et me gratifia bientôt de sourires enjôleurs, tandis que j'écoutais sa maman qui me parlait sans regarder la fillette assise sur ses genoux et tournée vers moi.
Lorsque Mélissa aborda l'entrée à la crèche, Héloïse me rapporta des paroles des puéricultrices, lui recommandant de ne pas oublier de dire au revoir à l'enfant quand elle la quittait. J'en profitai pour faire remarquer à Héloïse qu'elle ne regardait jamais Mélissa qui, pourtant, sollicitait son regard, puis se tournait vers moi pour trouver un signe de reconnaissance.
Étonnée, Héloïse accepta ma remarque, tout en me disant : « Mais je l'aime, vous savez. » Puis elle fit pivoter l'enfant à 180 degrés, la regarda, lui sourit et commença à lui parler. Ravie, Mélissa lui décocha son plus beau sourire et se mit à gazouiller. J'assistai, émue, à une vraie rencontre entre une mère et son

enfant, une mère à qui sa propre mère n'avait jamais vraiment parlé et qui n'avait pas pu inventer toute seule ce contact du regard et du verbe.

Cette aide que je tente d'apporter aux femmes que je connais est simple et peut représenter beaucoup pour cette vie naissante et pour celle qui en est l'auteur. Il faudrait avoir plus d'heures de présence dans ces lieux de maternité et une meilleure information faite aux femmes par un personnel formé, informé et concerné.

En dehors des femmes déjà rencontrées avant la naissance de leur enfant, je reçois des demandes de femmes ayant accouché et en difficulté dans le post-partum. Je réponds bien sûr à ces demandes, qui semblent de plus en plus fréquentes. Ce fut le cas de Marie, qui a fait l'objet de l'introduction de ce livre et qui était venue pour une demande précise : parvenir à faire sien son deuxième enfant. D'autres femmes ont des demandes moins précises, liées souvent à un état dépressif.

■ Anita vient, six semaines après son accouchement, juste après la visite postnatale qui, précisons-le, devrait être l'objet d'une vigilance particulière de la part des médecins car elle permet de déceler un début de dépression ou un *blues* du post-partum non liquidé.

Anita, donc, pleure tout le temps et a des crises de nerfs. Elle a allaité son bébé pendant un mois, puis a arrêté car elle se sentait trop angoissée.

Elle est hantée par des angoisses de mort qui, étrangement, concernent sa famille d'origine. Elle se demande ce qu'elle deviendra si sa mère vient à disparaître et craint qu'il n'arrive quelque chose à son jeune frère. Cela montre une peur d'abandon personnel et l'idée aussi qu'une vie nouvelle pourrait signifier la mort de ceux qui précèdent. Il faut dire qu'Anita est seule. Le père de son enfant est déjà marié, ce qui ne lui avait pas semblé un problème. Mais son état actuel prouve le contraire et démontre, s'il en était besoin, qu'une femme récemment mère a besoin d'être entourée un minimum et peut souffrir de solitude au moment d'entamer la grande aventure maternelle. N'ayant pas, à l'époque, la possibilité de la suivre, j'ai orienté Anita vers un centre de santé pour une psychothérapie.

■ Solène m'appelle, deux mois après son accouchement : « Je crois que je fais un *baby blues*, je pleure tout le temps et ne supporte pas l'idée d'arrêter l'allaitement. »
Il ne peut s'agir d'un *baby blues* qui est, comme nous l'avons vu, l'affaire de quelques jours et se produit rapidement après la naissance. Je crains plutôt un état dépressif qu'il faut traiter avant qu'il ne s'installe.
Je reçois donc Solène avec sa petite fille, qui semble en parfaite santé, calme et sereine. La maman, elle, ne va pas bien. Ce qui provoque sa dépression, c'est plutôt l'idée qu'il va falloir sortir de cette béatitude où elle baigne depuis la naissance, en osmose totale avec ce bébé qui la comble et lui suffit.
À la visite postnatale, une gynécologue maladroite lui a conseillé d'arrêter tout de suite l'allaitement puisqu'elle devrait reprendre son travail. Cette injonction a plongé Solène dans le désespoir, n'étant pas prête du tout, six semaines après la naissance de son enfant, à mettre un terme à ce qui lui procure jouissance et béatitude (contrairement à la période de grossesse, plutôt difficile). Solène est tellement bien avec son bébé qu'elle ne supporte aucune intrusion. Le monde extérieur ne l'intéresse plus du tout, et la présence de son mari bien souvent l'agace. Ils se disputent fréquemment ; elle se demande s'ils sont vraiment faits l'un pour l'autre et envisage parfois de partir.
Elle résume ainsi son état : « J'ai envie de rester dans ma bulle. »
Nous allons donc, séance après séance, travailler sur le détachement progressif et nécessaire de cette fusion mère-bébé, si normale en début de vie. Celle-ci ne doit pas se figer ensuite, sous peine de compromettre la vie conjugale et sociale de la mère et l'équilibre psychique de l'enfant, empêché de se socialiser et de s'autonomiser, inscrit dans l'idée qu'il est tout pour

sa mère qui deviendrait vite son esclave, et ne laissant aucune place au père. En douceur, nous chercherons comment introduire le biberon, sans cesser complètement l'allaitement, afin de ne brusquer personne.

Deux mois après, l'enfant commence l'adaptation à la crèche, ce qui angoisse un peu la maman qui continue de l'allaiter matin et soir et se sent beaucoup mieux. Le papa donne parfois le biberon et la relation du couple s'est normalisée. Ils pensent à organiser leur prochain mariage. Solène met sa fille dans les bras de ses grands-mères et de quelques amies. Ayant réussi à étirer au maximum son congé de maternité, Solène accepte, bien qu'avec appréhension, de reprendre son travail quatre mois après la naissance, persuadée maintenant que cela est bon pour sa fille et pour elle-même.

Il était important pour Solène de ne pas être seule pour cette difficile adaptation et, tout en se sentant comprise, d'être amenée à grandir et à faire grandir son enfant.

La fusion mère-enfant provoque un état de béatitude qui, pour un certain nombre de femmes, se produit dès la grossesse. Pour d'autres qui ont connu pendant cette période de fortes angoisses à l'idée de la responsabilité qui les attend, cet état se produit après la naissance. De toute façon, il faut en sortir un jour pour retrouver la vie normale, sa réalité, ses contraintes sociales. C'est pourquoi beaucoup d'états dépressifs postnataux arrivent de façon plus ou moins rampante quand se profile l'obligation de quitter cette béatitude. Sevrage, mise en crèche, reprise du travail peuvent être des facteurs de dépression par ce qu'ils signifient de fin de l'état maternel fusionnel.

Les femmes peuvent donc consulter dès qu'elles perçoivent les prémices de ces états angoissants accompagnés de larmes et d'agressivité, souvent vécus comme une déchirure insupportable. Nous sommes là pour les écouter et les accompagner dans ce parcours-là aussi, même si la plupart des prestations de maternité semblent s'arrêter à l'accouchement. Cette notion doit évoluer à tout prix pour que les femmes ne se sentent pas lâchées à la naissance de leur enfant.

Tout va trop vite dans un monde qui a oublié que le temps est un facteur essentiel pour le psychisme humain. Tout va trop vite entre l'accouchement et la sortie de la maternité, une maternité comme une ruche où, telles des abeilles bourdonnantes, tous les protagonistes font leur travail le mieux possible en regardant la montre. Qui prend le temps de s'asseoir sur le bord du lit d'une parturiente et de l'écouter parler seulement de sa grossesse, de son accouchement, de ce bébé étranger qui va devenir tout pour elle, de ses doutes, de ses souffrances et de ses émerveillements ?

Qui n'écoute pas l'autre ignore les richesses dont il se prive et les déceptions et tristesses qu'il provoque, comme celui qui, à une accouchée qui pleurait, a lancé : « C'est normal, c'est le *baby blues* ! » et est parti en courant.

Le temps serait-il devenu un luxe inachetable que personne ne s'octroie et ne peut plus offrir à quiconque ?

CHAPITRE 7

FEMME ET MÈRE DANS LA SOCIÉTÉ CONTEMPORAINE

Après avoir tenté de montrer les différents aspects de la maternité où les femmes peuvent trébucher, se trouver en difficulté ou en détresse, il semble intéressant de prendre un peu de hauteur afin de situer la place de la femme-mère dans la société moderne. On ne peut en effet couper les femmes du monde qui les entoure. Quel regard, quel discours a-t-on sur la naissance, quelle place lui fait-on en cette fin de siècle ?

Pour aborder cette question, à la place qui est la nôtre, et après avoir écouté tant de confidences de femmes en situation maternelle, j'articulerai volontiers cette place des femmes par rapport à leurs interlocuteurs privilégiés : les médecins obstétriciens, les hommes avec qui elles font couple, et la société en général – milieu professionnel, instances administratives, politiques et médiatiques.

La médecine contemporaine et les femmes enceintes

« Ils se sont bouché les oreilles, ils ont fermé les [yeux,
de peur que leurs yeux ne voient,
que leurs oreilles n'entendent,
que leur esprit ne comprenne. »

Matthieu 13/13[1]

Le monde médical est pour moi un milieu naturel. Fille et petite-fille de médecins, je suis, comme on dit, « tombée dedans » quand j'étais petite. C'est de mon père que j'ai appris le sens du mot psychosomatique, de lui aussi que je tiens le respect quasi sacré du patient, cette personne qui vous confie sa santé physique ou mentale, c'est-à-dire ce qu'il a de plus précieux. Le patient est aussi celui qui nous fait vivre de toutes les façons possibles. Matériellement, il n'y a pas à l'hôpital un échange d'argent, sauf pour les médecins qui y ont une activité de secteur privé ; ce sont cependant les cotisations payées par les patients qui permettent de rétribuer les soignants. Nous sommes donc à leur service. Comment nier, par ailleurs, que les personnes que nous soignons alimentent notre saine curiosité, notre passion, notre goût de la recherche et de la découverte ? Ils nous font donc vivre.

Mais entre la médecine apprise de mon père né avec le siècle et celle que j'ai redécouverte dans les années quatre-vingts, quel saut dans la modernité, dans la technique ! Ma crainte personnelle, c'est qu'en gagnant ces savoirs et ces techniques, quelque chose ne se soit perdu en route, quelque chose de la relation médecin-patient, une relation où l'on se parle, où l'on s'écoute, chacun sachant qu'il a à apprendre de l'autre.

1. *In* la *Bible de Jérusalem*, Cerf, Paris, 1998.

Ma question, un peu inquiète, se formule ainsi : « Quand la médecine a-t-elle cessé d'être une science humaine ? » Les médecins hospitaliers modernes n'ont-ils pas oublié que le savoir médical n'est pas seulement dans les livres, mais que l'écoute du patient donne un savoir sur lui qui permet de mieux le soigner, car les individus ne sont pas des molécules identiques ?

C'est dans cet esprit humaniste que j'ai personnellement abordé ma fonction de psychanalyste à l'hôpital, souhaitant travailler en étroite collaboration avec l'ensemble du corps médical pour le bien des femmes enceintes. Cette entreprise quelque peu utopique s'est trouvée assez limitée par ce qu'est devenue la médecine moderne hospitalière.

Essayons de comprendre ici les rapports entre la femme enceinte et le médecin dans une perspective historique, et comment s'articulent aujourd'hui l'évolution de la médecine et l'évolution des femmes, évolutions antagonistes semble-t-il.

Un peu d'histoire

Jusqu'au milieu du XVIIIe siècle, le savoir sur tout ce qui touche à la naissance était l'apanage des femmes. Ce savoir avait un caractère mystérieux et sacré qui donnait aux premières matrones des réputations parfois sulfureuses puisque certaines furent accusées de sorcellerie. Il n'était pas rare que les mêmes matrones s'occupent aussi de la toilette des morts. Les images féminines se retrouvent donc traditionnellement dans les moments forts du début et de la fin de la vie. Elles étaient aussi chargées de vérifier la virginité des femmes dans les cas litigieux. La naissance, la mort, la sexualité, cela fait beaucoup de pouvoirs. On comprend que l'Église catholique ait fait le maximum pour les contrôler, s'assurer de leur moralité et les inciter à baptiser à tour de bras les enfants qu'elles mettaient au monde[1].

Anciennement, les matrones devaient être des femmes d'expérience, pas trop jeunes donc ni encombrées elles-mêmes de leurs maternités, mais étant passées, bien sûr, par cette maternité. Leur savoir peu scientifique et agrémenté de nombre de superstitions se transmettait de femme à femme. À la campagne, on les rétribuait comme on pouvait, en nature le plus souvent, volailles ou légumes.

Puis le souci vint de professionnaliser cette pratique en prenant enseigne. On les appela sages-femmes et, les femmes n'ayant pas le droit à une enseigne, elles prirent celle des chirurgiens, ce qui est sans doute le premier lien professionnel entre la médecine et les femmes. En dehors de la pratique libérale, d'autres étaient pensionnées par les communautés urbaines. Puis on décida de les former à la profession. Jusqu'au milieu du XVIIIe siècle, la seule école est celle de l'Hôtel-Dieu de Paris, premier lien entre l'hôpital et l'instruction des sages-femmes. La pratique de l'accouchement était agrémentée de conseils, de paroles, de chants et même de rires, car « une femme qui rit s'ouvre mieux », disait-on. Cependant, les femmes traversaient des souffrances atroces qui furent longtemps considérées comme une expiation de la faute même d'être une femme, en particulier dans l'Église catholique. Par ailleurs, trop de femmes mouraient en couches, trop d'enfants décédaient à la naissance.

Une volonté politique se fit jour de réduire ces mortalités et de mieux former les sages-femmes. C'est à peu près à cette époque, vers 1760, qu'une femme, Mme du Coudray, se mit à parcourir la France pour propager

1. Jacques Gélis, *La Sage-Femme ou le médecin*, Fayard, Paris, 1988.

son enseignement de l'art de l'accouchement. Des chirurgiens et d'autres médecins s'y intéressèrent. Tandis que les sages-femmes, de mieux en mieux formées, accouchaient les femmes avec plus de professionnalisme, on vit donc apparaître des hommes dans les chambres d'accouchées et, ce qui est très remarquable, l'arrivée des hommes s'accompagna de celle des instruments. Leviers, forceps, bistouris apparurent, qui représentaient un progrès puisque des vies furent sauvées, et qui permettaient en même temps aux médecins d'asseoir leur suprématie sur les matrones et sages-femmes.

Avec ces dernières, ce sont des mains, des paroles réconfortantes et quelques onguents et plantes, en même temps qu'une certaine complicité entre femmes qui créent la confiance. Avec les hommes, c'est l'arrivée de la technique et de l'instrumentalisation, davantage de vies sauvées mais la perte de cette solidarité entre femmes. Comme l'histoire se répète toujours, aujourd'hui où l'on parle de réformer à nouveau les maternités, ce qui se profile, c'est la création d'un nouveau clivage : des maisons maternelles conviviales pour les grossesses simples, et pour les grossesses à risque des unités de pointe d'où l'humanité sera absente. Où est le progrès ?

Pour revenir au passé, à partir de l'arrivée des hommes à l'accouchement, les sages-femmes seront soumises aux médecins, travailleront sous leur autorité et devront s'en tenir aux accouchements simples, ce qui est toujours d'actualité.

Ce qui est à remarquer aussi, c'est le changement qui va s'opérer dans la position de l'accouchée. De façon traditionnelle et même ancestrale, les femmes accouchaient assises ou accroupies, ou même debout, ces positions favorisant à l'évidence la descente de l'enfant. L'arrivée des hommes et des techniques a mis fin à cette pratique ; on a préféré allonger les femmes. Sans doute est-il plus simple de pratiquer un certain nombre d'examens et de poser des perfusions sur une femme couchée. Mais on voit bien aussi ce que cela représente sur le plan symbolique. Une femme couchée est passive et soumise, l'homme-médecin, debout, a tout pouvoir sur elle. D'ailleurs si les femmes accouchaient debout ou accroupies, les obstétriciens n'auraient plus leur place.

Et aujourd'hui

C'est à cette situation dans la relation médecin-femme enceinte qu'a abouti la prise de pouvoir de l'homme en obstétrique. Et les nombreux progrès scientifiques des dernières années n'ont rien changé à cette relation dominant-dominée. Depuis quelques années, on a vu se multiplier les investigations et informations qui ont abouti à une surveillance de la grossesse quasi obsessionnelle, grâce à laquelle on a vu un recul des décès des femmes en couches et des nouveau-nés. Échographies, monitoring, amniocentèses, prises de sang, mais aussi inductions d'ovulation, fécondations *in vitro*, inséminations artificielles, etc.

Le dessein des gynécologues obstétriciens modernes est de permettre aux femmes d'avoir l'enfant qu'elles souhaitent et de faire en sorte qu'elles n'aient que des enfants en bonne santé, c'est-à-dire sans handicap grave, tout cela dans la plus grande sécurité possible et pour leur plus grande gloire. Dans les meilleurs des cas, les désirs des uns et des autres se rejoignent. Quand les femmes font appel à la technique, elles ont des réponses appropriées.

Il est un progrès technique que presque aucune femme ne remet en question : il s'agit de l'analgésie péridurale. Bien sûr, on ne peut parler d'accouchement écologique, et certaines femmes dont le seuil de résistance à la douleur est plus élevé que d'autres choisissent d'accoucher sans aide chimique. Mais combien d'autres, ayant tenté l'aventure de « tenir » le plus longtemps possible, ont finalement demandé l'injection magique ! Comme me le disait récemment une patiente : « Si vous saviez ce que c'était, après ces heures de douleur, c'était soudain le paradis. »

Cette technique-là a mis tout le monde d'accord car, auparavant, accoucher, c'était l'enfer. Quand les femmes cessent de souffrir, tout le monde y trouve son compte. Les salles de travail sont plus calmes, les médecins et sages-femmes peuvent exercer tranquillement leur pratique. En revanche, quand il y a trop d'accouchements, pas assez d'anesthésistes ou que, pour une raison médicale, une femme ne peut avoir de péridurale, personne ne sait plus gérer la souffrance et les cris des femmes.

En résumé, on assiste à ce paradoxe unique dans la vie de nos sociétés modernes. Les femmes sont de plus en plus actives dans leur vie non seulement personnelle, mais professionnelle, associative, politique. Elles occupent de plus en plus souvent des places d'autorité où leurs compétences sont reconnues. Elles ont gagné des libertés de choix qu'elles imposent dans presque tous les domaines. Et puis, quand elles sont enceintes, elles doivent soudain régresser au stade antérieur, redevenir passives et soumises. La fragilisation propre à cet état facilite grandement cette prise de pouvoir du corps médical. Devant l'inconnu et la perte de repères, on se met plus facilement entre les mains de ceux qui sont censés savoir. Il est de notoriété publique que l'obstétrique est le dernier bastion du machisme médical, encore travesti chez les plus anciens patrons par un paternalisme que les femmes acceptent sans en être dupes parce que c'est tout de même préférable à la froideur glacée des jeunes techniciens.

Une des phrases le plus souvent entendues dans les réunions médicales où l'on évoque les femmes hospitalisées est : « Est-elle sage ? » Ce qui peut sembler une plaisanterie est tout de même hautement signifiant. À la place où nous nous trouvons, psychologues et psychanalystes, il est délicat et frustrant d'écouter les doléances des femmes qui se plaignent à nous de n'être pas écoutées mais traitées « comme des poupées Barbie », et de ne rien pouvoir si ce n'est faire tampon entre les uns et les autres ponctuellement. Car il n'est pas prévu ni même imaginé que nous soyons consultés par le corps médical.

Il se passe au fond pour les femmes enceintes ce qui s'est très longtemps passé pour les enfants : elles n'ont pas un statut de sujet. On pense pour elles, on fait pour elles, « pour leur bien », et souvent même gentiment, avec le sourire. Mais elles n'ont pas leur mot à dire, et la plupart d'entre elles n'en sont pas dupes qui disent qu'elles ne sont que le contenant du véritable objet d'intérêt, de soin et de recherche : le fœtus, qui, lui, n'a pas statut de sujet à l'évidence.

Les femmes, donc, doivent être « sages », « gentilles » et obéir. La discipline quasi militaire qui règne dans la médecine hospitalière française, par ailleurs fort efficace – « efficace et limitée », comme l'a dit devant moi un patron –, cette discipline ne tolère aucune subversion. D'une femme qui quitte l'hôpital contre avis médical, on dit qu'elle s'est « évadée », et l'on peut être « expulsée pour indiscipline ».

De plus en plus de femmes réclament des changements pour la prise en charge de leur grossesse et de leur accouchement. Les femmes souhaiteraient pouvoir déambuler pendant le travail, ce qui peut accélérer celui-ci, en particulier la descente de l'enfant. Certaines commencent à demander s'il ne serait pas envisageable, une fois la péridurale posée, qu'elles puissent elles-mêmes maîtriser l'injection suivant l'évolution de la douleur, celle-ci n'ayant pas la même intensité pour toutes les femmes. Cette pratique commençante a démontré une moins grande consommation de produits analgésiques.

De même une patiente ayant eu une césarienne aux États-Unis racontait que, dans ce pays, c'est la femme qui actionne à sa demande la pompe qui injecte la morphine en postopératoire, alors qu'en France cette très importante douleur est souvent traitée par des seuls antalgiques. Il n'y a pas si longtemps qu'on prend en compte la douleur des bébés. Pour les femmes, il y a encore des progrès à faire, et surtout à admettre de faire confiance à leur bon sens et à leur intelligence pour participer à la prise en charge de cette douleur avec le corps médical et sous son contrôle.

Les femmes demandent aussi de ne pas être laissées seules pendant le travail. Lorsqu'il y a beaucoup d'accouchements, la sage-femme vient régulièrement vérifier l'avancée du travail et les paramètres vitaux. Mais, très souvent débordée, elle ne s'attarde pas et la femme reste seule. Il est très apprécié par les femmes que leur mari soit auprès d'elles pendant ce long et difficile passage, mais cela est parfois refusé lorsqu'elles partagent la salle de travail avec d'autres femmes.

Anciennement les femmes étaient très entourées pour leur accouchement, mais sans sécurité médicale. Aujourd'hui, c'est l'inverse, elles sont rassurées par une beaucoup plus grande sécurité mais se plaignent d'être des « numéros ». Certains pensent que ces deux aspects sont inconciliables, position contre laquelle je m'inscris en faux. C'est en effet la marque des processus pervers que de faire des clivages, c'est-à-dire des petites cases bien séparées, sans communication, pour prétendre ensuite qu'elles sont incommunicables.

Il faudrait ici nuancer considérablement le sentiment de sécurité qu'apporte l'hypermédicalisation. En effet, sur le plan psychologique, il est important de savoir que deux choses opposées sont facteurs d'angoisse : l'absence d'information et l'excès d'information. L'absence d'information est un fait dont se plaignent les femmes hospitalisées qui trouvent qu'on ne leur explique pas ce qu'on leur fait ni pourquoi, qu'on ne leur communique pas les résultats d'examens pratiqués, comme si cela ne les regardait pas. Mais elles se plaignent aussi de ne pas savoir ce qui va se passer les jours suivants. Là, il faut leur dire parfois que les médecins n'en savent pas plus qu'elles, car la médecine obstétricale n'est pas une science exacte, encore moins que d'autres spécialités. La surprise, bonne ou mauvaise, fait partie du processus maternel.

Pour ce qui concerne le trop d'information, à l'image de ce qui envahit notre quotidien où chacun est bombardé d'informations en provenance de toute la planète, ce qui le fragilise, les femmes enceintes ne peuvent plus vivre leur grossesse dans la sérénité ; elle leur est confisquée par la technique. On ne peut arrêter la marche en avant du progrès, et là n'est pas notre propos ni notre souhait. Mais une femme enceinte qui commence sa grossesse et s'inscrit dans une grande maternité se voit immédiatement l'objet d'une quantité d'examens, de prises de sang et de consultations de toutes sortes, avec des machines de plus en plus sophistiquées. Chaque examen comporte un verdict et devient donc un facteur d'angoisse.

La rançon du progrès est donc une aggravation de l'angoisse des femmes enceintes, devenues objets de curiosité médicale et sans cesse inquiètes, avant le dépistage par marqueurs sériques[1], avant les échographies, avant l'amniocentèse ou l'I.R.M.[2], quand elles ont lieu.

---

1. Examen sanguin permettant de déceler des marqueurs qui pourraient signer une trisomie 21.

2. Image à résonance magnétique.

■ J'ai reçu récemment Hanna qui venait d'apprendre par l'échographie que son bébé était porteur d'une fente palatine (bec-de-lièvre). Cette femme qui a tant désiré cette grossesse la voit très assombrie par cette perspective douloureuse. Elle anticipe, en effet, un enfant multi-opéré, objet de soins particuliers pendant plusieurs mois pour le nourrissage, l'audition, la dentition et l'expression verbale. À quoi s'ajoute une autre anticipation, celle de devoir présenter aux autres un enfant esthétiquement déformé au lieu du bébé parfait que chacun espère. Hanna n'a plus le droit de rêver, elle sait, avant de connaître son bébé, et elle culpabilise fortement. Mais ce qui l'angoisse le plus, c'est la perspective de l'I.R.M. qu'elle doit subir à sept mois de grossesse et qu'on lui a annoncée trois mois auparavant en lui disant que cet examen était destiné à vérifier qu'il n'existe pas de malformations associées. Dans le cas contraire, on lui proposerait un avortement. Ce mot a été très violent pour Hanna. Elle ne veut pas en entendre parler. Voilà une grossesse gâchée par un savoir, un savoir qui ne guérit pas son enfant.

Voilà aussi pourquoi les femmes enceintes ont plus que par le passé besoin de parler et d'être soutenues par des psychologues qui les aident à intégrer et à digérer ces informations brutales pour elles. Nous ne remettons pas en question le progrès ni le bien-fondé de tous ces examens, nous constatons seulement les effets négatifs sur le psychisme des femmes enceintes d'une surinformation concernant le bébé qu'elles portent, devenu sans mystère, et sur leur utérus, objet d'investigations à outrance. Nous verrons plus loin l'aspect verbal de ces informations.

Lorsque j'arrive le matin à la maternité, j'ai l'habitude d'y pénétrer par une entrée particulière qui débouche sur le lieu des « explorations fonctionnelles ». C'est là que les femmes en fin de grossesse viennent plusieurs fois par semaine pour faire vérifier, entre autres, l'existence ou non de contractions et les battements de cœur du bébé. En parcourant ce couloir, on n'entend aucune parole mais le seul bruit des appareils de monitorage, dont le battement régulier révèle bien sûr celui du cœur des fœtus, mais ce bruit n'a rien d'humain et il n'y en a pas d'autre. C'est tout à fait impressionnant et révélateur du monde obstétrical qui est le nôtre aujourd'hui, mais pas seulement. C'est le monde en général qui est ainsi, des entreprises aux supermarchés. Tout est beau, bien organisé, bien rangé, on y trouve tout ce qu'on cherche et même davantage. Mais, à la sortie, on n'a parlé avec personne.

Le poids des mots

Dans le cadre des relations médecins-femmes enceintes, abordons justement le problème de la parole. Parler, c'est se risquer, c'est aussi abolir la distance à l'autre. Certains ne sont pas doués pour cela; ils choisissent en général des professions qui leur évitent ce risque et cette proximité. Travailler sur des machines ou devant un écran d'ordinateur est adapté à ceux qui n'aiment pas la parole et craignent la rencontre avec l'autre.

Cependant, pour entamer des études de médecine, il n'existe pas de tests sur la capacité relationnelle et, avant de commencer à travailler, pas d'entretien d'embauche pour la vérifier. Beaucoup de médecins ont choisi cette profession depuis toujours parce que, en plus de la curiosité scientifique, il y avait un malade en face de soi. Il n'est pas sûr que ce soit encore le cas aujourd'hui, la médecine s'étant tellement technicisée, avec tant de machines entre médecin et patient. On voit de plus en plus de jeunes médecins arrivant à l'hôpital avides de voir des cas, mais peu enclins à rencontrer des gens. Ceux-là, dans le passé, auraient choisi de travailler en laboratoire, mais désormais, le laboratoire, c'est l'être humain.

Le médecin a le difficile privilège de poser des questions pour se faire une idée, et ensuite d'ordonner des traitements et faire des recommandations. Il a aussi à énoncer des diagnostics, parfois graves, ce qui suppose des précautions oratoires. Or les médecins sont des hommes comme les autres. Quelques-uns ont cette intelligence des êtres qui fait trouver la parole adaptée. Mais la plupart sont en difficulté car ils n'ont aucune formation à la relation à l'autre, ne se servent pas de leur propre expérience de vie, n'essaient pas de s'identifier à leur interlocuteur. Or la relation à l'autre est délicate quand elle concerne le plus intime que sont la santé, la vie et la mort, et, en maternité, le moment fort de la vie des femmes qui est la naissance de leurs enfants. Deux écueils sont à déplorer dans ces relations : le mutisme du médecin qui donne à la consultation un caractère glacial très mal vécu par les patientes ; la parole maladroite, brutale ou excessive qui peut apparaître tout à fait violente, voire sadique, même si cela est inconscient.

Quelques histoires partagées avec les patientes vont illustrer ces réflexions.

■ Honorine me demande rendez-vous. Elle a absolument besoin de parler, car sa détresse est immense, voici pourquoi. Âgée de trente-sept ans, elle est enfin enceinte pour la première fois. Or voici qu'à la dernière échographie (elle est enceinte de six mois), on lui a dit que le bébé était petit avec un fémur court. Elle a été reçue par un médecin qui lui a dit tout à trac qu'il fallait lui faire une amniocentèse, car le bébé risquait d'avoir une malformation grave, une trisomie 21, et que, dans ce cas, on lui proposerait un avortement thérapeutique. Honorine est sonnée, le monde s'écroule, son bonheur récent est anéanti. Cette femme réunionnaise simple et digne ne perd pas le nord et va trouver un médecin qu'elle connaît. Il lui fait une échographie de contrôle et la rassure : il ne voit rien d'alarmant.

Honorine se rend à son rendez-vous d'amniocentèse à la maternité et, reçue par une sage-femme, elle commet l'erreur d'évo-

quer l'échographie faite à l'extérieur, ce qui provoque une réaction d'une agressivité inattendue. Comment ? Elle ne fait pas confiance aux médecins du service, elle ose coûter de l'argent à la Sécurité sociale ? Puisque c'est comme ça, elle reviendra une autre fois pour son amniocentèse, on n'a pas le temps de la faire aujourd'hui.
Honorine comprend que cette personne la punit de ce qui est vécu comme une infidélité à une équipe qu'on ne doit pas remettre en question. Elle pleure en disant : « Mais mon échographie n'a rien coûté à personne, ce médecin était mon ancien patron, il me l'a faite gratuitement ! » Honorine ne doutait pas de la compétence des médecins, elle a appelé au secours pour avoir un autre discours teinté d'un peu d'espoir.
C'est après avoir réellement subi l'amniocentèse qu'Honorine est venue me voir, très persécutée et très inquiète. Après son départ, j'ai cherché son dossier sur lequel était noté le résultat du caryotype, normal. Comme je ne me mêle jamais d'informations médicales, je suis allée voir une sage-femme que j'estime, et je lui ai demandé d'appeler rapidement Honorine pour lui donner le résultat et mettre fin à son angoisse, ce qu'elle a fait. Au deuxième entretien, Honorine était calmée mais elle m'a dit : « Ils m'ont gâché ma grossesse. » Quelques semaines plus tard, Honorine accoucha d'un petit garçon parfaitement normal, pour son plus grand bonheur et celui de son mari.

On voit bien dans cette histoire l'escalade qui, à partir d'une parole brutale et inutile, a amené l'angoisse, puis le malentendu et le conflit.

Est-il nécessaire de parler à une femme d'avortement alors que rien ne le justifie, qu'il ne s'agit que d'une virtualité très hypothétique ? C'est pourtant ce qui est systématiquement pratiqué. Il semble qu'en procédant ainsi les médecins français – enfin, un certain nombre d'entre eux – se protègent par avance, vivant dans l'inquiétude de devenir, comme leurs collègues américains, l'objet de procès à tout propos, en l'occurrence pour défaut d'information du patient. Mais dans le cas qui nous occupe, il n'y a aucune vérité à dire ou à cacher, aucun risque immédiat à signaler. On peut dire les vérités au fur et à mesure qu'elles se révèlent comme telles, ce qui permet de se respecter soi-même et de respecter l'autre.

■ Jean-Louis et Marie-Claire viennent me voir ensemble. Ils sont perturbés, et lui tout à fait en colère. Il s'agit d'une grossesse de trois mois, et la première échographie a révélé l'absence d'une main chez ce fœtus. Le choc a été terrible et leur réaction immédiate très violente : ce n'est pas possible de garder un enfant avec ce handicap. Ils ont été reçus par un médecin qui a été formel : il est hors de question de pratiquer une interruption médicale de grossesse pour ce genre de handicap, à moins que, par la suite, on ne découvre des malformations associées. Jean-Louis est horrifié : « Il nous a parlé comme un technicien, sans aucune prise en compte de notre détresse... On est traités comme du bétail. » Comprenant que sa souffrance n'est pas entendue, Jean-Louis demande alors au médecin s'il est possible de bénéficier dans le service d'un suivi psychologique. « Oui, oui... », répond évasivement le médecin, ce que Jean-Louis interprète comme « oui, on a ça en magasin », et il ajoute avec ironie, s'adressant à moi, « pour eux, vous êtes un gadget ».

C'est sûrement vrai que pour beaucoup les psychologues et psychanalystes sont un gadget puisqu'ils n'ont pas le pouvoir de modifier la réalité objective. Ils offrent en revanche, dans le cadre d'une écoute chaleureuse et d'une empathie certaine, un espace pour dire ses sentiments et sa souffrance et les élaborer afin de pouvoir, au bout de quelque temps d'alliance thérapeutique, peut-être accepter l'inacceptable, dans l'atténuation de leur souffrance.

Jean-Louis et Marie-Claire avaient eu une histoire complexe, des épreuves douloureuses et une grande difficulté à obtenir cette grossesse, résultat d'une fécondation *in vitro* qui devait concré-

tiser un bonheur difficilement gagné. L'annonce de cette malformation leur avait fait l'effet d'une grande claque qu'ils ne pouvaient que refuser. Ensemble, nous avons évoqué l'interruption de cette grossesse qu'ils étaient prêts à pratiquer n'importe où. Puis ils ont parlé d'eux, de leur vie, de leurs fantasmes.
À la troisième séance, je vis de loin arriver Marie-Claire. Elle marchait le bassin basculé en avant, et je compris ainsi qu'elle avait décidé de garder sa grossesse, ce qu'elle me confirma. Ils allaient s'inscrire dans une autre maternité. Ils souhaitaient également être accompagnés dans ce lieu par un psychologue pour préparer cette difficile naissance, tant souhaitée, tant redoutée.

■ Rappelons l'histoire de Karine, dont j'ai parlé à propos des grossesses dépressives. En plus de sa grande dépression pendant la grossesse, Karine avait une malformation de l'utérus qui la prédisposait aux accouchements prématurés, ce qui s'était déjà produit deux fois. Elle arriva donc en fin de grossesse, avec de grandes souffrances physiques et une sciatique, avec un ventre énorme. Elle pouvait à peine marcher. Suivie par un obstétricien qui lui refusa d'avancer de trois jours la césarienne programmée à trente-neuf semaines de grossesse, elle l'entendit avec stupeur lui dire en la regardant en face : « Quand je vous vois, je suis content d'être un homme ! » Maladresse ou sadisme ? En tout cas, que d'envie dans ces paroles reçues comme de la méchanceté gratuite par Karine ! Elle se vengea, inconsciemment, en se mettant en travail à la date exacte qu'elle avait souhaitée.

Ces histoires peuvent sembler violentes. Elles ne sont que le reflet de la violence ressentie par ces personnes en détresse et qu'elles m'ont fait partager. Quand des individus sont frappés par des épreuves et qu'on a le rôle difficile d'être le vecteur de leur annonce ou de leur prise en charge, il faudrait savoir, par son attitude et les mots employés, par le temps pris pour cela, accompagner la souffrance, non l'aggraver. Je n'oublie pas la phrase de Jean-Louis : « On nous a rajouté de la souffrance. »

Supporter la souffrance de son interlocuteur, s'y identifier et trouver les mots appropriés pour en prendre acte, cela peut être un don. Cela s'apprend aussi, il suffit de le vouloir et de faire une démarche personnelle pour y parvenir. Pour la suite, on peut adresser les patientes aux psychologues et psychanalystes qui travaillent à l'hôpital et qui ont la compétence pour un travail approfondi avec elles. Mais ces professionnels aimeraient bien ne pas être de plus en plus souvent sollicités pour traiter des dépressions que l'on pourrait quasiment qualifier de nosocomiales.[1]

Le poids des mots est lourd, en effet, eux aussi peuvent adoucir la souffrance ou l'aggraver. Manier la parole lorsqu'on a autorité, lorsqu'on est censé détenir des vérités, mérite de la délicatesse, du bon sens et une capacité minimale à se mettre à la place de l'autre. Cette dernière qualité étant rare et l'autre toujours un peu mystérieux, il est souhaitable, lorsqu'on a annoncé et énoncé un diagnostic, de demander au patient, ici à la femme, ce qu'elle en a compris et ce que ça lui fait. On évitera ainsi tant de bévues, de malentendus et de larmes inutiles. Combien de fois, entrant dans la chambre d'une hospitalisée, ai-je trouvé une femme en larmes ou en colère après le passage des médecins pour la visite matinale; elle était soit anéantie par une annonce brutale mal comprise, soit frustrée par l'absence d'explications élémentaires sur des examens à faire ou l'absence d'information sur ses résultats. J'ai pu souvent servir d'intermédiaire, calmer la femme, puis parler avec les soignants pour expliquer ce qui s'était passé. Avec des internes ouverts au dialogue, il y a des résultats très satisfaisants car la femme bien cernée dans son fonctionnement mental est plus facile

1. Les maladies nosocomiales sont celles que l'on contracte à l'hôpital.

à soigner. Elle se sent respectée et collabore à son traitement, ce qui est tout de même préférable à un rapport de forces.

Hélas, plus on monte dans la hiérarchie, moins existent l'intérêt et l'acceptation de collaborer avec d'autres spécialistes non médicaux, encore moins l'acceptation d'apprendre d'eux ! C'est bien dommage pour l'humanisation de l'hôpital et le bien des patientes. Il existe des exceptions, bien sûr, j'en ai rencontré. On sait aussi que, dans des services obstétricaux existant depuis longtemps, une réflexion s'est instaurée entre les soignants. Certains ont mis en place des consultations en binômes, médecin-psychanalyste, très positives pour tous, soignants et patientes. C'est tellement mieux d'échanger que de s'ignorer.

Pour que cela se fasse mieux et plus vite, il serait urgent de créer, au cours des études médicales, une sensibilisation aux processus psychologiques et à la relation médecin-patient dont on sait qu'elle est, comme le disait le docteur Balint, « le premier médicament »[1]. Cette sensibilisation existe dans les écoles de sages-femmes, dans les écoles d'infirmières. Seuls les médecins n'en bénéficient pas. Cela reste de leur démarche personnelle d'accomplir ce qui peut être une formation ou un travail sur soi.

Car la question essentielle est celle du décalage entre l'attente des individus et ce qu'ils trouvent. Dans une société froide et individualisée où les valeurs de solidarité se sont effondrées et où la médecine a amené tant de progrès, beaucoup de gens pensent que là, auprès des médecins, ils seront enfin écoutés et pris en compte. Leur déception, et parfois leur colère, est à la mesure d'une attente très importante et idéalisée,

1. Michael Balint, *Le Médecin, son malade et la maladie*, Petite Bibliothèque Payot, Paris, 1966.

mais parfois légitime. Quand on entend, par exemple, un jeune obstétricien dire en parlant d'une femme enceinte : « Cette femme est très perturbée, vous vous rendez compte, elle parle à son fœtus ! », on mesure le fossé qui sépare les femmes des spécialistes de la physiologie féminine, à des années-lumière de leur vécu mental.

Si personne n'écoute personne, alors nous donnerons raison aux futurologues qui prévoient, dans les principaux fléaux de la société occidentale pour 2020[1], en deuxième rang, les troubles mentaux, ce qui se pressent déjà aujourd'hui. Ce ne sera vrai que si l'on continue sur la tendance actuelle au lieu de l'inverser. C'est pourquoi nous nous autorisons ici à tirer le signal d'alarme, sans animosité envers personne, mais non sans gravité.

Pour nous recentrer sur l'obstétrique, si la technique a pris le pas sur la convivialité, cela ne date pas d'aujourd'hui. Citons ce passage de l'historien Jacques Gélis[2] : « Le contexte scientifique du XVIIIe siècle et la volonté des accoucheurs de supplanter les matrones de routine les conduisaient à privilégier la technique, l'instrument. Le corps de la femme en couches devenait un objet clinique. On tournait le dos à l'accouchement convivial entre femmes, au nom de l'efficacité et de la sécurité des couches. »

Ce mouvement s'est amplifié. Et l'on assiste aujourd'hui à une nouvelle demande, induite par ce que la technique a amené de déshumanisation. Après avoir obtenu la préservation de leur vie et de celle de leurs enfants, les femmes réclament la prise en compte de leur personne totale, plus seulement de leur corps. Et qu'on ne vienne pas leur dire qu'il faut choisir entre la sécurité

1. *In* revue *Capital*, août 1998.
2. *La Sage-Femme ou le médecin*, *op. cit.*, p. 345.

vitale et une certaine convivialité ! Pourquoi faudrait-il perdre l'une pour retrouver l'autre ? Le monde avance sans cesse, la société s'affine et, à l'aube du troisième millénaire, il faudra que beaucoup se remettent en question pour admettre que la prise en compte de la part sociale et psychologique des femmes, c'est-à-dire leur part humaine, n'est pas un luxe ou un gadget mais un dû. C'est l'affaire de tous ceux qui œuvrent autour de la naissance, c'est-à-dire pour les individus de demain.

Les femmes et les hommes dans la société contemporaine

Si notre monde moderne a idéalisé la médecine, avec les inconvénients que nous venons de montrer, il a également idéalisé le couple. Tout ce qui est humain étant limité et imparfait, nous payons aujourd'hui le prix fort pour cette idéalisation.

Contre les duretés du monde et la solitude de la vie individualisée, le couple serait un refuge. C'est oublier que, comme la famille, le couple peut être aussi le lieu de toutes les passions, de toutes les trahisons, de toutes les violences physiques ou mentales.

Depuis l'époque où le mariage constituait, il est vrai, par l'union des clans et des familles, une protection contre les envahisseurs, bien de l'eau a coulé sous les ponts. L'amour courtois du Moyen Âge a introduit une notion nouvelle, affective et érotique, dans la relation homme-femme.

On ne mesure pas encore aujourd'hui toutes les conséquences de la révolution féministe, du travail généralisé des femmes, de l'avènement de la pilule qui, après des siècles d'inféodation de la femme à l'homme, ont amené de nouvelles lois et de nouveaux modes de vie, donc de nouvelles relations entre les hommes et les femmes dans nos sociétés occidentales.

Mais, parallèlement à tous ces changements, la société a évolué dans le sens d'une sécurité de plus en plus grande, quoi qu'on en pense, et un souci croissant de la perfection. Cela a abouti à une exigence de réussite dans tous les domaines, dont les années quatre-vingts ont vu le paroxysme. Il fallait réussir professionnellement, être beau et en pleine forme, réussir ses enfants (et réussir à en avoir), et bien sûr réussir son couple.

On en est venu à demander au partenaire d'être bon mari, bon amant, confident, bricoleur, bon père, et j'en passe. Les hommes aussi en demandent beaucoup aux femmes, mais de façon moins exigeante et moins explicite, en leur laissant la charge de beaucoup de choses qu'ils ne font pas. Le divorce a flambé alors, seule sanction et seule sortie possibles quand tout cela n'est pas réalisé.

On assiste depuis peu, et cela est assez frappant et symptomatique d'une jeune génération marquée par ce qu'on pourrait appeler la « culture de la drogue », à une particulière rupture de vie commune. Entre un homme et une femme, il faut que ce soit très « fort », c'est-à-dire d'une intensité excessive. Dès que la relation a cessé d'être forte, alors on doit se quitter, car le couple, d'après eux, n'aurait plus de sens. Ils précisent en général : « On ne va tout de même pas rester ensemble pour un enfant. » Ce discours, plus marqué chez les hommes que chez les femmes, ne s'accompagne pas cependant d'un désintérêt pour l'enfant. Ils viennent même ensemble à la maternité demander conseil avant la naissance pour lui éviter trop de souffrances de leur séparation.

Quand on écoute les jeunes femmes qui mettent au monde leurs enfants et construisent donc à la fois leur famille et notre monde de demain, on mesure le chemin parcouru socialement, l'évolution dans la répartition des rôles et des tâches, avec beaucoup d'étonnement et parfois d'admiration. Mais on perçoit toujours en filigrane dans leur discours l'éternel féminin et l'éternel masculin. Il faut parfois aider un peu à l'expression de ces différences que l'on n'ose plus trop manifester.

Les femmes ont revendiqué et obtenu d'exercer les mêmes professions que les hommes sans cesser d'avoir des enfants. Elles ont revendiqué et obtenu une certaine maîtrise de leur fécondité par la pilule et l'avortement, c'est-à-dire de ne pas avoir les enfants qu'elles ne veulent pas. En revanche, nous l'avons vu, elles n'obtiennent pas toujours les enfants qu'elles souhaitent, car la nature et leur inconscient les limitent.

Elles ont, et c'est sans doute le plus intéressant, demandé aux hommes de partager davantage avec elles la vie domestique et l'éducation des enfants, et ce dès la naissance de ceux-ci. Pour ce qui est de la vie domestique, la place prise par les hommes est encore assez modeste. En revanche, le domaine des enfants a énormément changé, et on a vu apparaître le duo père-enfant. En 1970, l'autorité paternelle a été remplacée par l'autorité parentale, et le joli mot de « parentalité » s'est imposé dans notre vocabulaire. Depuis l'époque où Christiane Ollivier, psychanalyste, appelait de ses vœux « l'entrée des hommes dans la nursery » afin que les femmes ne soient plus tentées de « dévorer » leurs enfants et d'être accusées de tous les maux de ceux-ci[1], les hommes ont évolué considérablement et trouvé du plaisir à s'occuper de leurs enfants.

Cela ne s'est pas fait sans peine et n'en est encore qu'au début. En effet, lorsque les femmes ont fait leur révolution et pris çà et là des places qui étaient auparavant dévolues aux hommes, ceux-ci se sont trouvés en difficulté, ont parfois réagi avec opposition et vio-

1. Christiane Ollivier, *Les Enfants de Jocaste*, Denoël-Gonthier, Paris, 1980.

lence, défendant leur territoire et s'arc-boutant sur leur machisme. D'autres, trouvant que les femmes s'étaient virilisées, se sont à leur tour féminisés, cuisinant, repassant, nourrissant et changeant les bébés. C'est dire que, dans cette histoire, chacun a confondu pouvoir et identité, rôle et identité, ce qui a créé un malaise chez les deux sexes. Les femmes ont payé et paient encore très cher l'obtention de leurs revendications par un stress permanent au travail et en devant finalement faire des doubles journées.

Les hommes se sont trouvés déboussolés dans leur identité virile, ne sachant comment se positionner dans la vie en général et avec les femmes en particulier. Ce mouvement considérable et révolutionnaire, dans notre culture, sur les rapports hommes-femmes a été bien nommé par une sociologue, Christine Castelain-Meunier[1] : « De l'homme adversaire à l'homme partenaire. » C'est ce qui semble se dessiner actuellement, et c'est probablement l'enfant qui en est le meilleur vecteur et le premier bénéficiaire. Les hommes sont entrés dans la nursery et ils y ont trouvé du plaisir. On rencontre encore quelques traditionalistes qui pensent que les enfants deviennent intéressants vers quinze-seize ans, mais ils sont en minorité.

Les femmes sont soulagées, ne serait-ce que psychologiquement, de ce poids terrible d'être toujours seules auprès de l'enfant et responsables de tout. Mais pour cet allègement, il leur faut lâcher un peu de leur toute-puissance maternelle. Quant aux enfants, ils sont enchantés, car les hommes sont pour eux de merveilleux compagnons de jeu qui peuvent aussi empêcher qu'ils soient les victimes de la surprotection ou de la castration maternelles[2]. Des études ont montré,

1. *Les Hommes aujourd'hui*, Acropole, Paris, 1988.

2. Cf. Béatrice Marbeau-Cleirens, *Le Sexe de la mère et les divergences des théories psychanalytiques*, P.U.F., Paris, 1987.

en particulier, que les petits garçons dont les pères s'occupent précocement évoluent plus rapidement que les autres.

Quand on travaille dans une maternité, on est au fait du monde qui est en train de se faire. C'est la vie qui grouille, la jeunesse qui devient mûre, ce qui est très stimulant. Même si on doit les accompagner dans de douloureuses expériences, les femmes, qui parlent volontiers, nous montrent leurs désirs, leurs projets avec leurs hommes et avec leurs enfants, et cela dessine pour nous les contours du XXIe siècle puisque les femmes sont toujours les pionnières des changements de société. Mais, dans d'autres lieux, nous écoutons aussi des hommes.

■ L'un d'eux, Bernard, une trentaine d'années, évoquait récemment devant moi la difficulté du rapport homme-femme : « La société actuelle nous renvoie de nous une image tellement indifférenciée que nous ne savons plus qui est qui. » La question posée là est très intéressante, car un psychanalyste ne peut s'exclure du monde social dans lequel évoluent ses patients. C'est bien la question de l'identité, de l'identité sexuelle, à ne pas confondre avec les places prises et les rôles remplis.
Bernard fait les courses et la cuisine car il aime cela et il se demande si ce n'est pas un peu féminin. N'ayant pas les mêmes horaires de travail que sa compagne, il partage avec elle la garde de l'enfant. Sont-ils pour autant de sexes indifférenciés ? La meilleure preuve que cela n'est pas, c'est qu'il ne la trouve pas assez maternelle, car elle fait souvent passer son épanouissement personnel en premier et qu'elle le traite parfois de macho. Il se demande aussi si la galanterie envers les femmes n'est pas un peu ridicule. Derrière des rôles de plus en plus partagés, les uns et les autres restent bien sexués différemment, physiquement et psychologiquement.

L'identité sexuelle, dimension essentielle pour qu'un individu puisse se positionner dans la société, mais surtout face à lui-même et à l'autre sexe, est une dimension tout de même subjective. Il s'agit de l'idée qu'on se fait de soi-même à partir de son sexe anatomique et de ce qui en découle dans sa façon d'être et de penser, sans oublier ce que chaque culture en fait, ainsi que l'a magistralement montré l'anthropologue Françoise Héritier[1].

Il y a donc bien une différence sexuelle, quoi qu'en pensent certains ou certaines qui, soit nient cette différence en montrant l'existence de ressemblances, soit refusent l'identité féminine, comme le fit Simone de Beauvoir[2], allant jusqu'à refuser la maternité pour les femmes. Jusque dans les années soixante-dix, les femmes ont suivi les directives de cette dernière, assurant leur indépendance économique, ce qui est largement positif, mais remettant en question la maternité et ses charges comme une épreuve subie, un piège mortel.

Et puis, avec le temps, et parce qu'elles ont pu le décider elles-mêmes, les femmes se sont remises à désirer avoir des enfants, et même à utiliser les hommes pour cela. Il est difficile de déterminer aujourd'hui qui est objet sexuel de l'autre. Comme les femmes veulent les enfants qu'elles ont, et parfois malgré les hommes ou en les convainquant fortement, on est sûr que pour toutes celles-là la maternité n'est plus un piège. Elle est même, une fois chassées les images du passé, une véritable jouissance, au sens abstrait du terme. Et cette jouissance est impartageable avec qui ne l'a pas connue – et bien sûr avec les hommes qui ne la connaîtront jamais. « Naître homme, c'est en grande partie se sentir exclu du faire-naître. »[3] Cela explique

1. *Masculin-féminin, la pensée de la différence*, Gallimard, Odile Jacob, Paris, 1996.

2. *Le Deuxième Sexe*, Gallimard, Paris, 1949.

3. Antoinette Fouque, *Il y a deux sexes*, in *Le Débat*, Gallimard, Paris, 1995.

sans doute que, détentrices de la création suprême, les femmes aient été si longtemps exclues des autres créations. En tout cas, une fois enceinte, une femme ne peut plus nier sa féminité, ce qui n'est pas sans poser problème à certaines. Car c'est tout de même devant la maternité que la différence des sexes est la plus éclatante ; comme le dit la philosophe Sylviane Agacinski[1] : « La maternité est peut-être ce qui révèle une spécificité du féminin qui n'a pas d'équivalent masculin... »

Et les hommes, où en sont-ils avec leur identité virile ? Il semble que nombre d'entre eux aient accepté leur part féminine. Car, nous le savons bien, en chacun de nous il existe une part de bisexualité, comme l'a montré Freud. Mais cela n'est pas toujours simple à intégrer harmonieusement. C'est le problème des « machos », ayant bien trop peur de laisser apparaître leur sensibilité ou leur émotivité – car ils craignent d'y perdre leur virilité. Ils n'ont pu dépasser la peur d'être castrés par leur mère et se défendent de leur femme, au risque d'y perdre à la longue une sensibilité qui, pourtant, fait beaucoup de leur charme.

Les hommes, nous le remarquons dès leur plus jeune âge, sont de petits ingénieurs, peut-être parce que leur sexe anatomique est comme un instrument. Leur jouissance à eux, c'est la maîtrise. Ils adorent construire (et détruire), démonter, réparer, inventer et trouver des solutions.

■ C'est ainsi que Bernard me fit part d'un de ses problèmes de couple. Chaque fois que sa compagne lui parlait de ses problèmes, professionnels ou autres, il s'évertuait à lui trouver des solutions. Or le résultat était catastrophique, elle n'était pas satisfaite du tout et cela dégénérait en disputes.

Je me permis de lui dire que ce qui se passait là était tout à fait

1. In *La Politique des sexes*, Seuil, Paris, 1998.

normal. Car une femme qui parle, se confie, se plaint, même de choses répétitives, à son compagnon attend seulement d'être écoutée, entendue, c'est-à-dire qu'il prenne acte de ses paroles, qu'il la plaigne et peut-être la prenne dans ses bras. Proposer des solutions immédiates, c'est ne pas prendre acte du ressenti et de la souffrance exprimés. Les femmes ont un autre mode de fonctionnement mental que les hommes.
Bernard fut très soulagé par mes paroles, pas seulement parce que cela avait des chances de l'aider dans sa relation de couple, mais parce qu'elles lui restituaient son appartenance virile. Il avait les mêmes attitudes et commettait les mêmes erreurs que les autres, il était donc bien un homme, ce dont parfois il doutait.

On voit donc apparaître chez les jeunes couples l'esquisse d'un partenariat. Se démarquant de Simone de Beauvoir, sauf pour l'indépendance économique, les femmes se plaisent à nouveau en femmes et en mères en intégrant leur vie professionnelle et leur pouvoir de décision dans de nombreux domaines. Les hommes revendiquent leur présence dans des domaines plus étendus que la technique et la politique. Ils acceptent de protéger les femmes affectivement, plus seulement par la domination. Ils s'occupent de plus en plus de leurs enfants, ce qui pose de douloureux problèmes en cas de séparation. La rançon de ce rapprochement serait peut-être un certain abandon de l'autorité de la part des pères, ce dont se plaignent une majorité de jeunes mères.

Par ailleurs, il faut abandonner aussi l'idée d'indifférenciation sexuelle chère à Élisabeth Badinter[1]. Ce fantasme récurrent comporte un grand danger. Non seulement il nie la réalité mais il est proche d'une utopie de « l'uniformisation des individus » qui, selon Sylviane Agacinski, « constituerait un fantasme totalitaire »[2].

1. *L'Un est l'autre*, Odile Jacob, Paris, 1986.
2. *La Politique des sexes*, *op. cit.*

Pour les psychanalystes encore plus que pour les philosophes, les individus doivent admettre qu'ils sont limités par l'espace et le temps, par la différence des sexes et celle des générations et, pour finir, par la mort.

Les hommes et les femmes, même plus proches et partenaires, connaîtront toujours des malentendus, des différends et des conflits qu'ils devront surmonter et résoudre. Mais ils dépendent les uns des autres pour satisfaire leurs désirs, gérer la cité et perpétuer l'espèce, et surtout pour leurs besoins affectifs. Ils doivent donc faire des compromis.

Nous nous trouvons, à l'aube du troisième millénaire, dégagés petit à petit de l'idée misogyne qu'il n'y aurait qu'un sexe et que l'autre ne se définirait que par rapport au premier comme manquant. Nous nous éloignons d'un féminisme revendicateur qui ne pouvait que refuser la féminité. Nous savons qu'il y a deux sexes, égaux, différents et complémentaires, c'est ce qu'on perçoit dans le discours des couples trentenaires. Après tout, la connaissance et le respect d'un sexe par l'autre, le partage des responsabilités et des plaisirs ne sont pas des perspectives déplaisantes.

Souhaitons seulement que, pour ces nouveaux styles de vie, les générations nouvelles se dégagent des modes et d'une pensée unique. Si un homme souhaite voir naître son bébé ou lui donner le biberon, qu'il le fasse, mais si cela ne lui dit rien, qu'il s'en abstienne et assume son originalité. Que cela fasse l'objet de dialogues ou de compromis au sein des couples. Ce ne sont pas les détails quotidiens qui comptent, mais les attitudes profondes et symboliques.

Après avoir pensé que seules les femmes pouvaient dispenser de la tendresse, des hommes ont eu l'intelligence et le courage de montrer la leur, ouvrant la voie à d'autres. Les mères ne sont pas toutes aimantes, pour toutes sortes de raisons. Il est bon alors d'avoir un père qui vous tienne la main et, lorsque vous êtes une fille, vous accorde autant d'importance qu'à un garçon. Cela peut changer les rapports hommes-femmes dans l'avenir.

La femme-mère et la société contemporaine

Ainsi que nous l'avons vu, à force de combats, les femmes ont obtenu beaucoup de droits nouveaux. Mais il nous a semblé, depuis que nous écoutons les jeunes mères, qu'elles ont payé et paient encore le prix fort pour ces droits acquis.

Les femmes peuvent exercer tous les métiers – à condition de trouver du travail, car on sait qu'elles sont plus touchées par le chômage que les hommes. Mais c'est surtout la maternité qui stigmatise les différences et les inégalités toujours présentes dans le quotidien.

Si un certain nombre d'administrations sont assez libérales avec les femmes en cours de grossesse, d'autres, et plus particulièrement les entreprises privées, les persécutent littéralement. Une femme enceinte ne peut être à égalité avec un homme dans le monde du travail. Elle ne peut accomplir physiquement les mêmes tâches, ne peut aller aussi vite, peut être incommodée par des odeurs, dans la restauration par exemple. Cela est de l'ordre de la réalité. Mais les exemples sont innombrables de femmes en difficulté dans le monde du travail, pénalisées ou humiliées parce qu'elles sont enceintes. Il faut savoir que la grossesse est un état qui suscite beaucoup d'envie de la part des hommes, mais aussi de la part d'autres femmes.

À tous les niveaux, les difficultés sont grandes, peut-être encore plus au fur et à mesure qu'on monte dans la hiérarchie ou que l'on accomplit des tâches épuisantes. Les femmes médecins sont particulièrement en difficulté. J'ai rencontré des femmes pédiatres dans des services d'urgences, des femmes spécialistes des maladies infectieuses travaillant avec des malades du sida. Ce sont des spécialités épuisantes, surtout pour des internes quelque peu exploitées par leurs supérieurs. Quelle autre solution ont-elles hors l'arrêt de travail qui les fait mal juger du reste de l'équipe et pénalise leur salaire ? C'était aussi le cas d'une enseignante en zone prioritaire qui n'était plus payée car trop longtemps arrêtée.

Quand une femme est enceinte, quelle que soit sa profession, c'est sa grossesse qui devrait être prioritaire. La grossesse, c'est déjà un travail à plein temps, physiologique et psychique. Nous avons vu, à travers les histoires racontées, à quel point un gros souci intérieur ou extérieur pouvait handicaper le bon déroulement d'une grossesse.

Ce ne sont pas seulement des droits et des allocations que les femmes devraient avoir quand elles sont enceintes, c'est de respect, de considération, qu'elles devraient bénéficier. Il faudrait pour cela que chacun, par un réflexe de solidarité élémentaire, réalise qu'elles portent dans leur ventre ce qui fera demain la richesse de notre pays et du monde en général, et qu'il prenne acte de ce constat.

Nul n'ignore à quel point les individus sont aujourd'hui maltraités dans le monde du travail, de l'ouvrier au cadre supérieur, maltraités car pressurés, mis au rang d'objets. Seule la rentabilité compte et la menace du chômage, réelle ou utilisée comme un chantage, pèse tel un nuage noir sur les esprits. Si les mauvais traitements viennent de la politique des chefs, ils sont répercutés de sous-chefs en petits chefs, avec de plus en plus de méchanceté et de moins en moins de culpabilité, comme l'a très bien montré Christophe Dejours, psychiatre, spécialiste de la psychologie du travail[1].

1. In *Souffrance en France, la banalisation de l'injustice sociale*, Seuil, Paris, 1998.

C'est dans ce climat que baignent les femmes qui tentent de transmettre la vie, elles et leurs compagnons d'existence qui, bien souvent, pour ne pas perdre leur place, donnent de plus en plus de temps à leur travail, un temps qu'ils auraient pu mettre à profit pour seconder leur femme. Les femmes, elles, n'ont pas le choix. Elles ajoutent à leurs heures de travail les heures pour emmener le plus petit à la crèche, les autres à l'école et aller les rechercher, aident aux devoirs, donnent les bains, préparent les repas et racontent des histoires pour préparer la nuit des petits après un dernier câlin. Il y a aussi les visites chez le médecin, les activités annexes, sportives ou créatives, où il faut emmener tout ce petit monde.

Mais comment font-elles ?

À un autre niveau, celui des structures administratives et sociales, les progrès n'ont pas suivi l'évolution des femmes. Il n'est que de les entendre lorsque nous abordons l'anticipation de la garde de l'enfant. Non seulement le moment de la reprise du travail est une épreuve pour une femme qui doit, pour la première fois, se séparer réellement de son bébé. Mais, en plus, elle rencontre des difficultés parfois insurmontables pour assurer cette garde de façon compatible avec ses horaires de travail et ses moyens financiers.

L'inscription à la crèche, pour avoir des chances d'aboutir, doit pratiquement se faire dès le retard de règles constaté. Il n'est donc pas sûr que l'enfant ait une place en crèche. Alors il faut trouver une nourrice dont on voudrait qu'elle soit la meilleure possible pour son enfant. Mais, de toute façon, une nourrice coûte plus cher que la crèche dont on sait que le prix est défini en fonction des revenus des parents. Les femmes aimeraient avoir le choix du mode de garde, mais il est rare que cela soit possible, surtout si leurs moyens sont limités.

Un autre problème se pose, celui des horaires. Tout le monde n'a pas des horaires de bureau classiques.

Certaines travaillent le samedi et les crèches sont fermées ce jour-là. D'autres travaillent la nuit, d'autres enfin ne peuvent se permettre de quitter leur travail dès 17 heures pour arriver à la crèche ou chez la nourrice à 18 heures.

Tous ces problèmes que connaissent les femmes sont un facteur de stress qui, s'ajoutant à d'autres, peut déclencher chez elles une dépression postnatale, le risque augmentant alors au deuxième ou troisième enfant.

De nos jours, la plupart des femmes souhaitent travailler et continuer à travailler quand elles ont des enfants. Ce souhait n'est pas seulement celui d'un épanouissement personnel, il est aussi dicté par des contraintes financières et par le fait que la seule reconnaissance de notre société est celle de l'argent gagné. D'une femme qui, au foyer, élève ses enfants, on dit qu'elle ne travaille pas, ce qui est un comble !

Le souhait et le besoin de travailler en ayant des enfants sont d'abord théoriques et sont des droits reconnus. Mais que vaut un droit s'il n'est pas assorti des moyens de le mettre en œuvre concrètement ? Notre société est très hypocrite qui prétend reconnaître aux femmes tous les droits possibles en omettant d'ouvrir suffisamment de crèches, de haltes-garderies ou de classes de maternelle pour les enfants entre deux ans et demi et trois ans qui sont prêts et désirent aller à l'école.

Ce que les femmes ne prévoient pas, quand elles ont ces souhaits ou ces besoins théoriques, c'est comment elles-mêmes vont le vivre. Quand on sait la passion que les femmes mettent dans leur maternité, on comprend que la reprise du travail et la séparation d'avec l'enfant puissent être une véritable blessure. Or, même si la loi a allongé le congé postnatal, c'est d'un bébé de deux mois et demi qu'il va falloir se séparer. Aucune femme ne sait à l'avance comment elle va vivre cet instant. Certaines femmes peuvent s'offrir le luxe d'un congé parental : un luxe, car il faut que cela ne mette en péril ni leur budget ni leur avenir professionnel. Celles qui ne le peuvent pas ont tout intérêt à se préparer à cette séparation et à demander de l'aide pour cela, dans les Maisons vertes, par exemple[1].

Les femmes vont donc réagir de façon différente à la séparation d'avec ce bébé encore si petit et ce sera en fonction de leur structure personnelle et aussi de l'intérêt qu'elles portent à leur travail. Mais nombre d'entre elles ressentent une forte culpabilité, un sentiment qui, en l'occurrence, peut être hérité des générations précédentes. On ne le répétera jamais assez, en effet, les fantasmes ont une durée de vie beaucoup plus longue que les avancées sociologiques. Cela fait que les femmes en âge de procréer actuellement veulent vivre de façon moderne, tout en ayant en tête des idéologies héritées de mères et grands-mères qui ne travaillaient pas à l'extérieur : « L'enfant n'est heureux qu'avec sa mère, il faut être totalement disponible pour lui, il faut ménager l'homme qui rentre le soir fatigué de sa journée de travail », etc.

Une femme qui a toutes ces exigences et va elle-même travailler toute la journée va rapidement se retrouver écrasée, puis déprimée. Comme elle est le contenant symbolique de la famille, cela risque de devenir une catastrophe familiale. La culpabilité est ici une façon de reporter sur l'enfant un chagrin et une frustration qui appartiennent à la mère. En effet, si une femme est prête à cette séparation et aborde avec plaisir le retour au monde du travail, il y a de fortes chances pour que le bébé le vive bien aussi. En revanche, si elle est déchirée, pleure le matin en le laissant, y pense avec tristesse et culpabilité dans la journée, elle va, au

1. À Paris, 13, rue Meilhac, 15e. Tél. 01 43 06 02 82.

retour, avoir une attitude surprotectrice et le bébé, sentant le malaise de sa mère, réagira mal à son tour.

C'est pourquoi le mode de garde de l'enfant est un élément primordial pour l'équilibre de la mère, de l'enfant et de toute la famille. Il apparaît, en écoutant les femmes, que leur souhait serait de garder avec elles l'enfant, selon les cas, entre quatre mois et un an. Elles conserveraient ainsi ce plaisir, disons même cette jouissance, de voir s'épanouir, sourire, marcher leur enfant, au lieu de le laisser à des « mercenaires », comme disait Françoise Dolto, aussi capables soient-elles. Elles en seraient peut-être quittes alors avec la culpabilité. Pour que cela soit possible, il faudrait que, pendant ce temps, elles soient rémunérées et que ce travail de tenir une maison et élever un petit enfant ait assez de valeur reconnue pour être payé à un juste prix. Et puis cela resterait un choix à la carte ; il ne s'agit pas, bien sûr, de contraindre les femmes qui ne le souhaitent pas à rester à la maison quelques mois de plus. Pour l'heure, ce choix n'existe pas, mais on peut souhaiter qu'il advienne.

En revanche, il faut dire un mot d'un mode de garde qui semble peut-être le moins traumatisant pour une femme : lorsque c'est le père qui prend un congé parental. Il faut que cela soit possible dans l'entreprise où il travaille et que les parents en aient suffisamment discuté pour savoir que cela est financièrement gérable et psychologiquement satisfaisant pour l'homme comme pour la femme.

Des femmes concernées ont témoigné qu'elles partent travailler en toute tranquillité, sachant que le bébé est gardé par celui qui, avec elle, l'aime le plus et qu'il reste dans son cadre de vie. Elles-mêmes peuvent appeler ou être appelées au téléphone par le père pour avoir ou recevoir des nouvelles du bébé et entendre ses gazouillis.

On peut penser que, dans ce domaine-là comme dans d'autres, les véritables progrès de civilisation consistent à donner aux individus des choix de vie. Si les mères (ou les pères) pouvaient choisir après la naissance d'un enfant de le garder trois, six, neuf mois ou un an, suivant ce qui convient à chaque femme, au moment de l'existence où elle se trouve, on aurait moins de dépressions chez les jeunes mères et un meilleur démarrage chez les enfants. Au début de sa vie, en effet, un enfant est en symbiose avec sa mère dont il sent les états d'âme qui conditionnent les siens.

Cette symbiose commence dès la grossesse, même si ce temps de gestation protège l'enfant qui se constitue de la plupart des agressions. Il faut rassurer les futures mères à ce sujet. À ce stade, l'enfant ne ressent pas tous les états d'âme de sa mère, contrairement à ce qui va se passer ensuite, dès la naissance. C'est pourquoi c'est de la mère qu'il faut s'occuper en amont ; on a un peu de temps devant soi pour que ces deux-là puissent entamer leur relation dans les meilleures conditions possibles. Or chaque femme est différente, et les besoins de chacune ont à être évalués.

Pour connaître ces paramètres, il serait souhaitable que chaque femme qui s'inscrit en maternité bénéficie d'un entretien avec une personne formée pour cela, capable d'entendre qui est cette femme, quelle est sa situation sociale, familiale, professionnelle, et dans quel contexte s'inscrit pour elle cette grossesse. Cette personne pourra alors, après l'avoir écoutée, lui expliquer comment se déroule une grossesse (si c'est la première), répondre à ses questions et lui signaler les différents professionnels qu'elle pourra rencontrer au cours de ces neuf mois. Il faudrait renouveler cet entretien avant la sortie des femmes de la maternité. Il s'agirait alors de s'assurer qu'une femme réunit les conditions suffisantes pour inaugurer au mieux sa condition de mère et commencer l'éducation de son enfant et que, dans la mesure où l'on a des doutes ou des inquiétudes, les acteurs sociaux et psychologiques puissent être mis en place pour lui apporter l'aide nécessaire.

Ces entretiens seraient une occasion idéale pour renouer ce lien social dont on parle beaucoup mais qu'on applique rarement. Nombreux sont ceux qui parlent de la famille dans de grandes envolées lyriques ou avec une agressivité politique non exempte d'arrière-pensées. Mais la famille, c'est là qu'elle commence et c'est là qu'elle se socialise, lorsqu'une femme s'inscrit en maternité.

La femme a toujours été et reste le socle, le contenant de la famille. De la façon dont elle va vivre les mois d'attente de son enfant, en particulier le premier, et les mois suivant la naissance, va dépendre en grande partie l'avenir de la famille qu'elle met en route avec l'homme qu'elle a choisi et qui est auprès d'elle.

La famille, ce n'est pas seulement une question d'allocations familiales, même si cet élément est primordial pour les plus démunis et pour bien d'autres. C'est grâce à tout un réseau tissant du lien social autour des femmes, dès le début de leur grossesse, qu'on aura une action réelle, efficace, sur le devenir de la famille, et qu'on encouragera les femmes à assumer leurs maternités.

C'est pourquoi une maternité, privée ou publique, ne peut et ne doit en aucun cas se contenter d'être un lieu seulement médical. Les professionnels qui y travaillent doivent tous être sensibilisés à la dimension humaine, c'est-à-dire psychologique et sociale de ce processus qui n'est pas une maladie mais une grande aventure humaine inscrite dans le corps d'une femme. Et il ne doit pas y avoir dans ces lieux des professionnels méprisés parce qu'ils ne touchent pas le corps. Un travail d'équipe ne peut se faire que si tous les participants sont respectés.

On parle beaucoup aujourd'hui de la sécurité qui serait insuffisante dans certaines petites unités obstétricales. C'est en effet primordial de faire de la sécurité vitale une priorité. Mais à quoi sert-elle si on oublie la sécurité psychologique et sociale ? Comme il serait dérisoire de conclure une naissance en disant : « La mère et l'enfant se portent bien », si, une semaine après, la mère se jetait par la fenêtre en laissant un orphelin ou si la mère maltraitait l'enfant parce qu'elle est seule et déprimée.

Quel est le profil d'une société qui ne se préoccupe que de rentabilité financière et de prouesses médicales techniques, en évacuant toutes les autres dimensions des individus qui la constituent ?

Conclusion

> « La naissance témoigne pour une société ; pour le meilleur et pour le pire. De même que la mort, à l'autre bout de la chaîne. »
>
> Jacques Gélis[1]

Se trouver par sa profession à l'un des bouts de cette chaîne, la naissance ou la mort, en prenant un peu de distance, un peu de hauteur de vue, permet de relativiser ce que beaucoup imaginent, à savoir que, d'un côté ce serait la joie, de l'autre la peine.

Ce livre avait pour objet de montrer que donner la vie n'est pas nécessairement un long fleuve tranquille, bordé de fleurs et ponctué de chants d'oiseaux, comme le laisseraient penser certaines littératures sur le sujet. Pour connaître cette joie, il faut souvent traverser des moments d'angoisse et des accès de dépression. Pour passer d'une rive à l'autre, un certain nombre de femmes ressentent le « mal de mère », dont les nausées ne sont que l'expression somatique la plus légère. Suivant ce que la vie a donné à chaque femme et lui apporte aussi pendant sa grossesse, ce parcours peut être plein

1. *La Sage-Femme ou le médecin*, *op. cit.*

d'obstacles, et la mort, tapie quelque part, peut surgir. Des fantômes du passé peuvent revenir la hanter, et la vie quotidienne lui rendre difficile l'accès à la maternité.

C'est pourquoi il est nécessaire, lorsqu'on travaille dans une maternité, de tenir compte des éléments ignorés de l'histoire des femmes, pour ne pas les juger ni leur apposer une étiquette qui, tels d'autres signes de reconnaissance de sinistre mémoire, viendrait figer de façon blessante des personnes ainsi exclues d'une « normalité ». Il n'y a pas d'un côté les gens sains, de l'autre les gens malades, ni physiquement ni psychiquement. Il n'y a que des personnes dignes de respect qui, tant bien que mal, essaient de vivre ce qu'elles ont à vivre et qui, parfois, dérapent. Elles ont alors besoin d'aide, d'accompagnement et d'un décodage de leurs pensées confuses. Qui peut dire qu'il n'a jamais eu un caillou dans sa chaussure et que ça faisait mal alors de marcher ? Qui peut dire qu'il ne sera pas malade demain, même s'il est aujourd'hui bien portant et l'affiche avec arrogance ?

L'époque qui est la nôtre n'est pas tendre avec les difficultés de toutes sortes, et cela les rend encore plus difficiles à vivre. On escamote la mort, on la cache ou on l'accélère, comme si c'était une honte ; on cherche des coupables. Ça ne devrait plus exister, la mort, de nos jours, avec les progrès de la science ! On sait pourtant aujourd'hui que la science, pas plus qu'une quelconque idéologie, n'apportera le bonheur total à l'humanité. La mort existera toujours, la maladie aussi. On guérit les unes, d'autres apparaissent, cela étant valable autant pour les maladies mentales que pour les maladies physiques.

Ce n'est pas désespérant, c'est juste la condition humaine, limitée. L'alternative à l'utopie n'est pas le désespoir. Cela n'empêche pas d'avoir des idéaux ni d'agir pour tenter de s'en rapprocher. Cela n'empêche pas de se battre pour des causes qui vous semblent justes.

Pour en revenir à la vie et à la mort, admettons que des naissances s'attendent parfois dans les larmes et que des fins de vie voient parfois des découvertes ultimes, des réconciliations et des amours inespérés. Il n'y a pas du rose et du noir complètement séparés, il y a les deux, parfois intimement liés. Dans les débuts de ma pratique, il m'est arrivé d'assister à des accouchements en observatrice. C'est dur de n'avoir rien à faire dans ces moments-là, car on est alors submergé par une émotion liée à ce court-circuitage entre la vie et la mort. Et quand l'enfant crie et que la mère sourit, il est difficile de retenir ses larmes devant la vie qui vient, provisoirement, de gagner sur la mort.

Arrêtons de penser qu'on pourra vivre un jour sans la mort, sans la maladie, sans les handicaps, sans difficultés psychologiques ou autres. Essayons plutôt de vivre avec tout cela, de l'intégrer à notre esprit. Sachons aussi que, lorsqu'une épreuve touche un individu, il va alors puiser dans des ressources personnelles inconnues de lui, car il n'en avait jamais eu besoin jusqu'alors. Toute personne humaine est en évolution et recèle des ressources. On ne peut donc décider pour elle que, dans une épreuve, elle ne s'en sortira pas.

Ce que nous, psychologues, psychanalystes, vivons avec des patients avec qui nous avons fait ce contrat d'aller ensemble à la recherche de leurs possibilités et de leurs limites, à travers les méandres du conscient et de l'inconscient, est à chaque fois une découverte. Ce sont ces patients les plus étonnés des résultats positifs, même s'ils se plaignent du temps que ça leur prend.

Avec les femmes enceintes, ce temps est étonnamment raccourci en partie à cause de cet état particulier qui révèle une perméabilité psychique, où les femmes ont un accès plus facile à leur inconscient. Il n'est pas impossible non plus que la limite dans le temps fasse avancer plus vite ; cela s'observe aussi quand, pour d'autres raisons, la thérapie est brève.

Ayant montré que la maternité n'était pas une traversée facile pour les femmes, car même celles qui ont eu des grossesses triomphantes trébuchent souvent au post-partum. Ayant révélé que cela n'était pas désespéré, car il existe des « passeurs » pour les accompagner dans la traversée et les aider à préparer cette maternité, en réglant les problèmes anciens et en anticipant les difficultés à venir. Il reste à convaincre les protagonistes, le corps médical obstétrical, de collaborer réellement avec les autres spécialistes au lieu de travailler chacun dans son coin, en clivant le corps de l'esprit et les femmes d'une partie d'elles-mêmes. Une parole partagée sur une femme pourrait lui rendre son unicité.

Il reste aussi à persuader les pouvoirs publics que la maternité n'est pas seulement une affaire médicale de sécurité, même si cette dernière est toujours à améliorer. Il y a, dans cette magnifique aventure, non seulement un bien-être des femmes à prendre en compte, mais une action de prévention (qui passe par le bien-être des femmes) du devenir des enfants qui naissent, d'une prévention de la dépression, d'une prévention de la maltraitance. Il ne suffit pas de déclarations d'intentions orchestrées par les médias. Il faut donner les moyens à ceux qui s'occupent de ces problèmes, psychologues, assistantes sociales, pédiatres, dont le dévouement n'est plus à démontrer mais ne suffit pas. Il faut leur donner de vrais moyens de faire ce travail qui, déjà, les motive fortement. Il leur faut davantage de temps sur place, des interlocuteurs et des structures relais qui, à ce jour, sont d'une pauvreté quantitative effarante.

Il faut mettre en accord les actes avec les déclarations d'intentions, afin que notre pays puisse être fier de donner à ceux qui naissent et à celles qui les mettent au monde une chance de commencer cette vie dans les meilleures conditions.

À l'aube du troisième millénaire, est-il interdit d'espérer, sans utopie, que les femmes qui entreprennent la grande aventure de la maternité puissent être accompagnées dans ce parcours, respectées dans leur différence, dans une alternative d'aide et d'autonomie qui tienne compte des capacités et des souhaits de chacune ?

Ce qui pourrait changer en cette fin de siècle et qui serait une véritable révolution, déjà en marche pour l'éducation des enfants, c'est que certains rapports sociaux cessent d'être seulement hiérarchiques pour devenir échanges.

Je m'explique : si une organisation hiérarchique est nécessaire dans la plupart des grandes entreprises, administrations, écoles, et même dans la famille, on ne voit pas pourquoi le rapport des individus aux personnes qui les soignent, les enseignent, les éduquent serait à sens unique – un supérieur qui sait, un inférieur qui écoute, se tait et obtempère.

Lorsqu'on est détenteur d'une science ou d'une expérience, ou des deux, on est en mesure d'aider, d'enseigner, de soigner celui qui vient à vous. Mais pourquoi ne pas accorder à ce dernier une place de sujet qui sait ? Nous avons tant à apprendre de ceux que nous aidons.

Pour ma part, je crois l'avoir montré dans ces pages, si j'ai pu aider un certain nombre de femmes à aborder leur maternité, ce qu'elles ont apporté à mon expérience professionnelle et à mon enrichissement personnel n'est pas mesurable. Je les en remercie donc ici, chaleureusement.

Annexes

Où trouver de l'aide

La maternité dans laquelle on est suivie, ou en tout cas celle du Centre hospitalier universitaire et/ou régional, ou le gynécologue obstétricien sont en mesure d'indiquer des consultations publiques ou privées susceptibles d'écouter ce type de difficultés.

Allo-Maman-Bébé (tél. 08 36 68 34 36), service de réponse téléphonique mis en place par l'unité de maternologie de l'hôpital de Saint-Cyr-l'École (78) et la Fondation de France. En passant rapidement les différentes touches du serveur vocal, les personnes qui appellent peuvent parler, nuit et jour, 7 jours sur 7, à un intervenant du service de maternologie, qui pourra indiquer une consultation ou un spécialiste proche du domicile de la personne qui appelle.

Inter-service parents (tél. 01 44 93 44 93) peut fournir les coordonnées des antennes régionales de l'École des parents qui seront susceptibles d'indiquer des spécialistes.

Alésia 14 (tél. 01 43 20 65 63), service anonyme et gratuit, relations parents-enfants.

Pour aider à sortir de l'isolement mère-bébé, Françoise Dolto a créé le premier des lieux d'accueil mère-tout-petit, la Maison verte : 13, rue Meilhac, 75015 Paris (tél. 01 43 06 02 82) (tous les jours de 14 heures à 19 heures, le samedi de 15 h 30 à 18 heures).

Demander à la Fondation de France (tél. 01 44 21 31 00) les adresses d'une telle structure proche du domicile.

À Paris, la Maison ouverte de l'École des parents (antenne de l'École des parents et des éducateurs), 16 boulevard Voltaire, 75011 Paris (tél. 01 44 93 42 10), fonctionne également comme lieu d'accueil parents-tout-petit. Outre qu'elle offre des consultations de psychologue, conseil conjugal, médiation familiale, elle peut également donner des adresses de consultation analogue en province.

COMMENT SE REPÉRER DANS LES SPÉCIALITÉS « PSY »

Psychiatre. Docteur en médecine qui a choisi de se spécialiser en psychiatrie. Il connaît la nomenclature des maladies mentales et les médicaments psychotropes. Il est habilité à faire des ordonnances et à signer des feuilles de Sécurité sociale. On le consulte pour des maladies mentales graves (psychoses), mais aussi moins graves comme la dépression. Il soigne essentiellement par médicaments traitant les symptômes, mais certains pratiquent aussi la psychothérapie.

Psychologue. Titulaire d'un D.E.S.S.[1] de psychologie (cinq ans d'études minimum), il peut faire des expériences en laboratoire (psychologie expérimentale) ou

1. Diplôme d'Études supérieures spécialisées.

faire passer des tests. S'il est psychologue clinicien, il possède un D.E.S.S. de psychologie clinique et pathologique qui comprend l'étude de la neurophysiologie du cerveau, des maladies mentales et des médicaments psychotropes. Mais il ne peut les prescrire ni signer des feuilles de maladie. Le clinicien soigne par la parole qu'il écoute et interprète.

Psychanalyste. Il peut être médecin ou psychologue clinicien. Il a étudié la théorie de Freud, la psychanalyse qui stipule l'existence de l'inconscient. Il a obligatoirement suivi lui-même une psychanalyse personnelle. Il soigne par la parole, celle du patient qui parle librement en associant ses idées. La parole du psychanalyste consiste à interpréter les manifestations de l'inconscient du patient à travers ses rêves, ses actes manqués et sa relation au psychanalyste.

Remerciements

Merci à Pascal Reyre pour son accompagnement psychanalytique et chaleureux, pendant toutes ces années.

Merci à Antoinette Mitchell pour son animation créatrice et joyeuse de notre groupe de travail sur des sujets austères.

Merci à Michèle Canon-Yanotti qui m'a apporté en son temps son éclairage personnel sur les processus psychiques à l'œuvre dans la maternité.

Merci à Delphine, une sage-femme dont la finesse psychologique a permis un grand nombre des rencontres relatées dans ce livre.

Table

La composition de cet ouvrage
a été réalisée par I.G.S. Charente Photogravure,
à l'Isle-d'Espagnac,
l'impression et le brochage ont été effectués
sur presse Cameron dans les ateliers
de ***Bussière Camedan Imprimeries***
à Saint-Amand-Montrond (Cher),
pour le compte des Éditions Albin Michel.

Achevé d'imprimer en avril 1999.
N° d'édition : 18195. N° d'impression : 991808/4.
Dépôt légal : mai 1999.